一、松高枝叶茂，鹤老羽毛新——《古今图书集成》的作者及编纂

《古今图书集成》成书于康雍年间，这样的一部鸿篇巨制，它的作者理应是家喻户晓、人尽皆知的，但事实并不是这样。长久以来，关于《集成》大家只知道蒋廷锡，却对《集成》的真正编著者陈梦雷印象十分淡薄，甚至根本无人提起。然而陈梦雷的功劳却是不容忽视的！

陈梦雷，字则震，又字省斋，晚年号松鹤老人，别号天一道人。清顺治八

年（1651年），出生于福建侯官市（今福州）。陈梦雷出身书香门第，父亲陈会捷极懂礼仪，且才智过人，陈梦雷从小就受父亲正统的儒家思想教育，且天资聪慧，勤奋好学。12岁时就中了秀才，成为当地远近闻名的才子。19岁时中了举人。当时陈梦雷的父亲担心儿子年少，不谙世事，便陪同陈梦雷一起进京参加康熙九年（1670年）举行的殿试。陈梦雷21岁殿试时中了进士，被选为庶吉士（殿试之后，状元授翰林院修撰，榜眼、探花授编修。其余进士经过考试合格者，叫翰林院庶吉士），陈梦雷的父亲也因为儿子的原因被加封为征仕郎，翰林院庶吉士。学富五车的陈梦雷本来应该是前途一片光明的，可事与愿违，命运多舛的他，遭遇极其悲惨，让后人不禁为他留下同情之泪。

陈梦雷做了一年的翰林院庶吉士后，于康熙十二年（1673年）请假回到家乡福建省亲。省亲回家的第二年，当时盘踞在

福州的靖南王耿精忠连同占据云南的平南王吴三桂、统治广东的定南王尚可喜相互勾结呼应，发动了兵变，与当时的清政府相抗衡，即历史上著名的“三藩之乱”。不幸的是，回家省亲的陈梦雷成了这场战争中的牺牲品。占据福州的耿精忠扣押了当时的福建总督范承谟，自封为总统兵马大将军，拥有十多万大军。为了使自己的行为得到认可，维系他的统治，耿精忠开始拉拢当时的社会各界的知名人士，多方收罗人才，强迫授予他们各种伪官职，胁迫这些人和他共同反对清王朝的统治。此时早就名气在外的陈梦雷当然也难逃耿精忠的拉拢，他和父亲被耿精忠一伙人关押在当地的一座寺庙里，强迫他接受翰林院编修这一伪官职。这段时间陈梦雷一方面假装有病拒绝耿精忠等人的收买；一方面暗中派人

进京报信，但因福建早已被耿精忠的兵力完全戒严而没有成功。就在陈梦雷悲伤绝望的时候，与他同年取得进士、同年被授予翰林院编修又是同乡的李光地也回到福建安溪老家省亲。

李光地（1642—1718年），字晋卿，号厚庵，别号容村，福建安溪湖头乡人。与陈梦雷同为康熙九年（1670年）进士。却因涉及陈梦雷“卖友案”而名声不好，但他深得康熙皇帝的信任与宠爱，是清代一名颇有争议的官员。

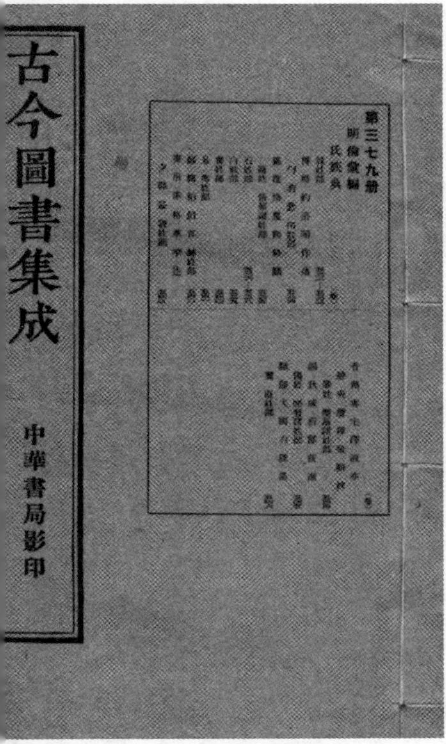

李光地知道耿精忠叛乱后，亲自去耿精忠的官府拜见了耿精忠。陈梦雷知道了这件事以后，非常愤怒，他严厉指责了李光地的可耻行为。最终陈梦雷在父母的婉言相劝下，深刻意识到仅凭他自己一人之力，势单力薄，根本无法与势力强大的耿精忠集团做正面斗争。最后陈梦雷只能找到李光地与他共同商议，二人促膝谈了三天三夜，最后想出了一个瞒天过

海的计策：一方面陈李二人打算用蝇头小楷把耿精忠叛逆的事情原原本本、仔仔细细地记录在一小块纸上，用蜡丸封好，由李光地的叔叔护送一个名叫夏泽的亲信，从长江西北上京向朝廷密报；另一方面他们二人按照计划，陈梦雷依旧待在耿精忠的虎穴里，假意投降，并以自家八口人的性命来保证李光地全家人的安全。李光地则找借口离开耿府，逃入深山之中等待消息。一年后蜡丸书到了康熙皇帝的手中，康熙帝平定了“三藩之乱”后，李光地因密送蜡丸书有功，皇帝下达御诏，高度嘉赏了李光地的行为，并命令将他的事迹记入兵部，让领兵大臣向他学习，为他授奖升官。这段时间里，李光地根本就没有提到陈梦雷的名字，将全部功劳都揽到自己身上。按照他的想法，不提陈梦雷的功劳不仅会独显他的忠贞不贰，而且万一陈梦雷被捕，攀扯上他的话，自己会有口难辩，可能会弄巧成拙。

基于这样的原因，李光地决定出卖这位曾与他共患难的同乡兼朋友。

所以在李光地风风光光地享受皇帝嘉赏、青云直上时，陈梦雷却因为曾经接受过耿精忠授予的伪官职而被下狱治罪，而且依照当时律令将予以处斩。可以说，此时的二人，荣枯之间，相互映照，犹如天堂与地狱，一个飞黄腾达，平步青云，一个却在狱中含冤受屈，性命难保。此时，命运岌岌可危的陈梦雷，已完全认清了李光地贪功卖友、阴险狠毒的真面目，他悲愤至极，写下了《告都城隍文》，

开始揭露李光地的背信弃义行为。而后，他又义愤填膺地写下了《与李光地绝交书》。当时的李光地虽然功名在外，但在当朝的声誉却不是很好，而且陈梦雷又一直在狱中为自己喊冤，对当年二人秘密制作蜡丸书以及当时计划的细节说得有理有据，再加上陈梦雷的朋友徐乾学暗中相救，《与李光地绝交书》在当时社会广为流传，引起了强烈的反响。人们认识到了李光地卖友求荣的真面目，开始为陈梦雷的命运担忧，并公开指责李光地的可耻行为。此事在朝中也引起关注，康

熙十九年（1680年），当时任刑部尚书的徐乾学代替李光地起草了一份疏稿，疏中反映了陈梦雷在耿精忠叛乱时有功于国家的表现，逼迫李光地向康熙皇帝上奏。李光地难以拒绝，又受到来自各方的压力，逼不得已地将这份疏稿上奏给了康熙帝，请求赦免陈梦雷。陈梦雷得以免死，于康熙二十一年（1682年）被流放到奉天（今沈阳）充军。这些在《清官册》以及陈梦雷的《与李光地绝交书》中都有一些记载。而《清史稿·李光地传》里记述的却是：陈梦雷因为附逆耿精忠的罪行被逮入京，依罪论斩。李光地多次对他实施营救，陈梦雷才得以免死被贬到奉天充军。经过后人的考证，这些记述与当时的事实根本就是南辕北辙。大概是由于当时李光地位高权重，而《清史稿》又是正史，所以才不得不这么写。

陈梦雷被贬到奉天后，沦为人奴，被

贬之地环境恶劣，让初来乍到的陈梦雷很难适应。幸运的是陈梦雷的主人对这位昔日的才子照顾有加。而且当地一些达官显宦的子弟都跑来向这位才子请教问题，于是陈梦雷开始在此地开办学馆，讲授经学。所以在被贬的这段时间里，生活虽然清苦，但对陈梦雷来说倒也安闲自适，自得其乐。此时的他声誉远播，撰著了《周易浅述》一书，之后又陆续为当地的地方官衙编纂修订了《盛京通志》《海城县志》《承德县志》《盖平县治》等一些地方志。陈梦雷对待文献的态度非常严谨，并且又求真求实。为了修编好这些县志，他做了很多的工作，开始寻访各地，对许多遗址都仔细考察，所以这些书得到后世人的称赞，成为重要的文献资料。也正是他的这种实事求是的态

度，才使后来编著的《集成》有今日如此巨大的成就。

在奉天生活了十六年后，陈梦雷的命运有了转机。康熙三十七年（1698年），皇帝东巡到沈阳，陈梦雷因为向皇帝敬献七言律诗《圣德神功恭纪》而得到康熙帝的褒奖，获释重新返回京师。康熙帝命他教授三皇子诚亲王胤祉读书，并在皇城以北赐给他一座宅子，又在西山为他修筑了西郊水村别墅。此时可谓是陈梦雷一生中的黄金时期，康熙帝亲自到他的书斋中为他提了“松高枝叶茂，鹤老羽毛新”的对联，后来陈梦雷在上下联开头各取一字，自命为“松鹤老人”，并把自己以后的诗文集命名为《松鹤山房诗文集》。三皇子诚亲王喜欢治学，尤其精通历算，陈梦雷这位老师的到来对他来说更是如虎添翼。二人情趣相投，师生在讲论经史的时候，经常感到现存的经书虽然在政治典故方面分类十分详细，但对于花

草树木、鸟兽虫鱼等这些细微的事物却并没有十分明确的分类。因此，诚亲王觉得应该编著一部“大小一贯，上下古今，类列部分，有纲有纪”的大类书。承蒙皇恩，重新返回京师的陈梦雷，对清政府感恩戴德，为报答帝王皇子的知遇之恩，而又自认为自己“技能无一可称”，只是对书情有独钟，涉猎万余卷，于是他打算以类书的形式，编纂一部“凡在六合之内，巨细毕举，其在十三经，二十一史者，只字不遗。其在稗史子集者，亦只删一二”的鸿篇巨制。他所引用的资料堪称浩瀚，巨细不遗，所著录的资料都不加删改，原原本本，比较可靠。三皇子对他编著《集成》一书给予了极大的鼓励与支持。政治上的稳固、生活上的安定以及帝王皇子的支持，都为陈梦雷成功编写《集

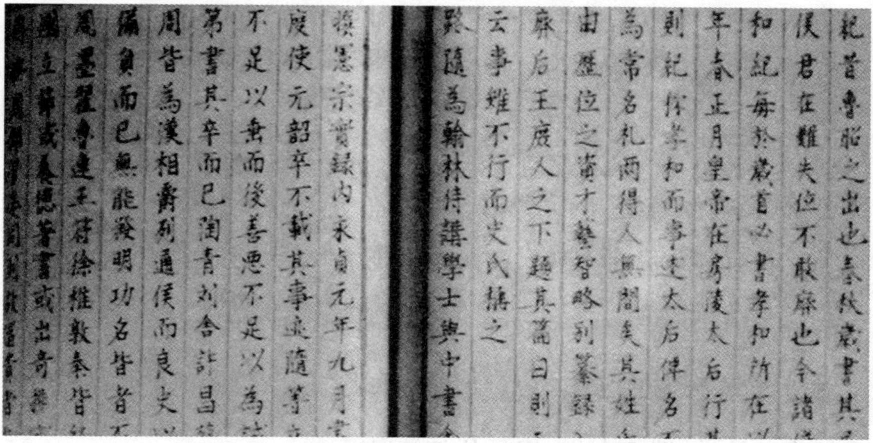

成》一书创造了良好的条件。而当时正大力发展文化事业，对书籍的要求也日益增多，前人的《太平御览》《册府元龟》和当时著名学者张廷玉等奉旨编撰的《佩文韵府》等大部分图书资料都为陈梦雷编著《集成》提供了重要保证。

康熙四十年（1701年）十月，陈梦雷开始着手编写《集成》一书。陈梦雷侍奉在皇子身旁，过着优越的王府生活，又有皇室的“协一堂”藏书和家藏的经史子集一万五千多卷，同时皇室又给予他财力上的支持，这些都为陈梦雷编纂此书提供了重要的物质保证。正如陈梦雷在其晚

年自著的诗文集——《松鹤山房诗文集》中自称的一样，自己这五十年来，并没有其他的嗜好，只喜欢抱书苦读，涉猎万余卷书，决心凭自己的力量编著一部大型类书。在这些因素的支撑下，陈梦雷从康熙四十年开始向朝廷领银，雇人缮写，潜心著书，历经五年的呕心沥血，“目营手检，无间晨夕”，到康熙四十五年（1706年）终于了却了他最大的心愿，完成了这部书的初稿。最初的版本有五千零二十册，五十多万页，一亿七千多万字，一万多幅图片，引用书目六千多种，初步定名为《图书汇编》。之后十多年的时间里陈梦雷对这

部书不断进行校正、整理和完善。康熙五十五年（1716年）陈梦雷将该书的目录、体例写成一册上呈给皇帝，康熙帝阅读后将《图书汇编》改名为《集成》，认为该书仍需要校改增益，并命令由胤祉、陈梦雷带领八十名相关人员专门对《集成》一书加以完善。正是由于各方面的工作都十分细致，才使《集成》一书到现在都闪耀

着璀璨的光芒。

然而，陈梦雷的命运并没有因此而一帆风顺。康熙五十一年，太子胤礽再次被废，而诚亲王由于平素与太子交往密切，也被皇上疏远，作为诚亲王侍从的陈梦雷亦被皇帝冷淡。康熙帝驾崩后，雍正皇帝即位。雍正皇帝猜忌成性，登基后视他的兄弟为眼中钉、肉中刺，打算除之而后快，他首先就从兄弟们平时的宠臣下手，陈梦雷作为这次政治斗争的牺牲品自然难逃此劫。康熙六十一年十二月，也就是雍正帝登基一个多月后，新皇帝就以陈梦雷曾经做过耿精忠的伪官职为理由，将陈梦雷发配到塞外。此时的陈梦雷已经年逾古稀，而塞外荒凉、凄风苦雨，

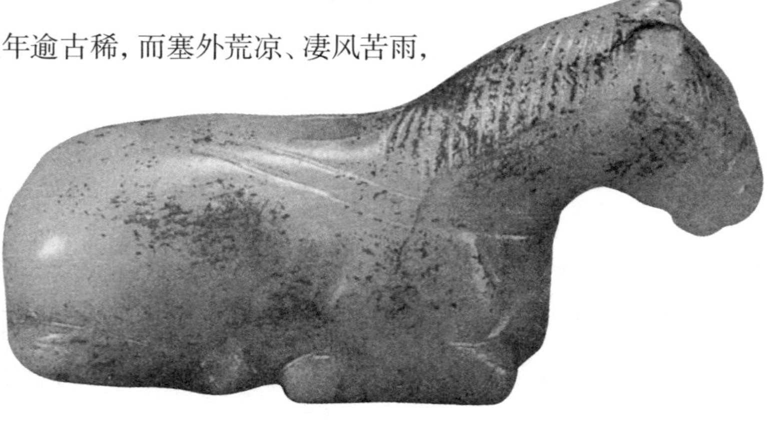

恐怕他时日无多了。

让人欣慰的是，《集成》这部凝聚了陈梦雷大半生心血的巨著，并没有因其编撰者的被贬而废弃。雍正帝命蒋廷锡为总编辑，组织相关人员对这部巨著重新加以整理、校正。蒋廷锡（1669—1732年），字杨孙，号酉君，又号南沙，江苏常熟人，康熙四十二年（1703年）进士，雍正年间被升为礼部侍郎，他的最高官职为文华殿大学士。在他的带领下，对《集

成》的医部重新编纂，共收医书五百二十卷，采集了历朝历代的名医著作，分门别类加以整理。雍正四年（1726年），铜活字排印《集成》工程全部结束。让人心酸的却是《集成》出版前，雍正皇帝为它写了序，在序中皇帝故意隐瞒了该书的真正编写者，为这部书立下汗马功劳的首功之臣陈梦雷并没有在此书中立名，却写上了仅仅为《集成》稍加增删的蒋廷锡的名字，将陈梦雷多年的心血一笔抹杀，而让蒋廷锡坐享其成。但事实就是事实，谎言迟早会被拆穿，没有谁可以掩盖既成的事实。在《清实录·世宗实录》卷二中，有雍正皇帝刚即位时的一篇谕令，谕令中明确指出“陈梦雷处所存《古今图书集成》一书”，这篇谕令无可辩驳地证明了《集成》这部鸿篇巨著的真正编撰者是陈梦雷而非蒋廷锡。雍正皇帝与蒋廷锡这种掩耳盗铃的行为，并没有让陈梦雷为《集成》所付出的心血为后人所忘却。

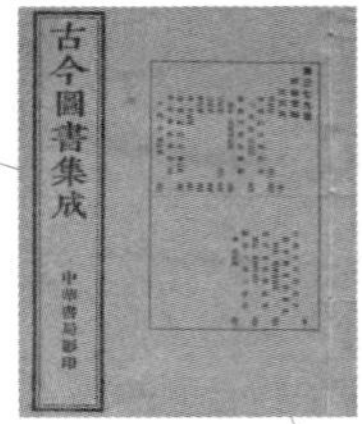

二、谨严合理，分类详细——《古今图书集成》的体例

《集成》是一部巨型类书。所谓类书是我国特有的一种工具书性质的图书，它的编制方法是按类别汇编群书，也就是将当时能收集到的所有书中的内容拆散，重新按所分类别或者主题进行编排，以便能更迅捷地查找到所需内容。一般情况下，现在大多数学者都认为三国时期由魏文帝曹丕主持编撰的《皇览》是我国类书之祖。类书与丛书不同，丛书要

保持原书的完整性，要把各部书完整地收入，不可分割。类书则是要摘取各书中的词句和段落，按类别编排。二者的相同之处在于它们对原文的内容一般情况下是不作改动的。类书一般都包罗百科、分门别类。好的类书要求分类体系严密，资料网罗丰富，摘引的词句篇段应严格依照原文，各条引文应明确指出是出自何书何卷何篇。类书的功用很多，它包罗万象，而又以摘取古书原文见长，并按类别编排，这些都为人们查找各方面史料带来了极大的便利；它还可以帮助人们查找辞藻，找出诗歌的典故出处；另外类书还可以帮助现代学者校勘、考订古书。我国古代的类书主要有唐代虞世南的《北堂书钞》一百六十卷，欧阳询的《艺文类聚》一百卷，魏征的《群书治要》五十卷，北宋李昉等人所编的《太平御览》以及王钦若等人所编的《册府元龟》各一千卷，南宋章如愚撰的《山堂考索》二百一十二

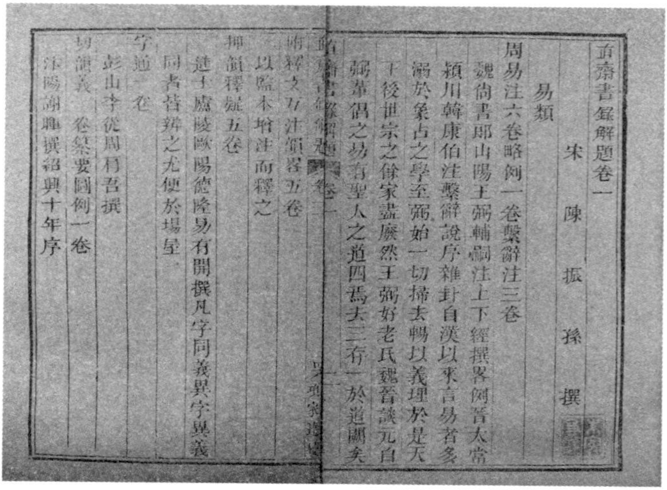
直齋書録解題卷一
宋 陳 振 孫 撰
易類
周易注六卷略例一卷繫辭注三卷
魏尚書郎山陽王弼輔嗣注上下經撰略例晉太常
潁川韓康伯注繫辭說序雜卦自漢以來言易者多
溺於象占之學至弼始一切掃去暢以義理於是天
下後世宗之餘家盡廢然王弼好老氏魏晉談元自
弼輩倡之易有聖人之道四焉去三存一於道闕矣
以監本增注而釋之
押韻釋疑五卷
進士廬陵歐陽德隆易有開撰凡字同義異字異義
同者皆辨之尤便於場屋
字通一卷
彭山李從周肩吾撰
切韻義一卷纂要圖例一卷
汝陽胡職撰紹興十年序

卷，王应麟撰《玉海》二百零四卷，此四书被称为“宋代四大类书”。直到明代的《永乐大典》达到了编制类书的一个高峰。然而，这些书在分类整合方面都或多或少有凌乱的弊端。而《集成》是现存最为完整的一部大类书，可以说，它把类书的所有优点都发挥得淋漓尽致。

本来这样一部篇幅庞大、囊括群书的工具书，如果编排不好可能会给读者带来查索上的困扰，而《集成》却因为其谨严合理、分类详细的编排更好地解决了这一问题。

明代编写的《永乐大典》和清代编写的《佩文韵府》都是按一定的韵目编排的，并非严格地按内容编排，这样致使全书前后割裂，总体看来系统性很弱，其中的内在逻辑关系大多较为凌乱。《集成》一书在编排体例上借鉴和继承了以前这些类书“以类聚事”的原则，并在此基础上加以发展和创新。以前类书大都是两级分类（部、类或是部、门），而《集成》在二级的基础上又增加了一级，采用了三级类目的形式：汇编、典和部。即全书分为《历象汇编》《方舆汇编》《明伦汇编》 《博物汇编》《理学汇编》和

《经济汇编》六大汇编，这六大汇编为一级类目，是整部《集成》的纲；六大汇编下面又设了“典”这个二级目录。“典”初名为“志”，后来蒋廷锡等人奉御命改为“典”，全书共计《乾象典》《岁功典》《历法典》《庶征典》《坤舆典》《职方典》《山川典》《边裔典》《皇极典》《宫闱典》《官常典》《家范典》《交谊典》《氏族典》《人事典》《闺媛典》《艺术典》《神异典》《禽虫典》《草木典》《经籍典》《学行典》《文学典》《字学典》《选举典》《铨衡典》《食货典》《礼仪典》《乐律典》《戎政典》《祥刑典》和《考工典》三十二典，这三十二典将会在《集成》的内容中对其进行一一介绍；在三十二典之下又分设了六千一百零九部作为三级目录。六大汇编各自所包括的内容分别是天（历象汇编）、地（方舆汇编）、人（明伦汇编）、物（博物汇编）、学术（理学汇

编）、政治经济（经济汇编）。关于这六大内容前后顺序的安排，陈梦雷在《凡例》中说："法莫大乎天地，故汇编首《历象》而继《方舆》；乾坤定而成位，其间者人也，故《明伦》次之；三才既立，庶类繁生，故次《博物》；裁成参赞，则圣功王道已出，次《理学》《经济》而是书备也。"雍正《御制序》也有和编者内容差不多的叙述，文中写道："始之以历象，观天文也；次之以方舆，察地理也；次之以明伦，立人格也；又次之以博物、理学、经济，则格物致知，诚意子心，治国平天下之道，咸具于是矣。"万物之中天地在先，而人其次，这是编者确定六大汇编的核心指导思想。陈梦雷的天地在先、人为万物之灵的思想具有我国古代朴素唯物论和朴素辩证法的思想，其对世界观的基本看法应该是正确的，由此而形成的编辑《集成》的思想在当时也是较为先进的。

在第三大类目“部”的下面，编者陈梦雷又按照所搜集到的材料性质更加仔细地将其分为汇考、总论、图、表、列传、艺文、选句、纪事、杂录、外编十部分。但是在这六千一百零九部里并不是每一部里面这十个分类都是齐全的，如果编者在某一部里面没有找到关于某一方面的资料，那么就不会再设那一部分。但一般情况下，每部之下都会有“汇考”“总论”“艺文”“纪事”“杂录”和“外编”这六个部分。下面将每部下列出的这十个部分及其所收录的范围和作用列于其下：（1）汇考，编者认为“纪事之大者入于汇考”，因此汇考所收录的都是一部中的大事件。记录大事件的主要方法是摘录各个朝代的史书，如我们最熟悉的“二十一史”。对于有年月

可考的朝代大事，陈梦雷主要是依照编年体的形式记录该事件；而对于一些无年月可考的大事，编者则是按照先经史后子集的顺序辑录该方面的材料，并引用古书考证该事。(2)总论，所谓总论就是总汇经史子集等古籍对该部的评论。如《史记部总论》，就将关于《史记》自问世以来的重要评论，差不多都汇集到了一起，为使用者查阅资料提供了极大的方便。(3)艺文，主要是收录了关于该部的诗词歌赋。摘录的标准主要是：以辞藻为主，即使议论有所偏颇，但只要辞藻华丽，也会录入艺文中。如果关于该部的诗词歌赋比较多，那么就会择优而选；如果篇章比较少就不再分优劣，全部录入。一般情况下是隋唐以前的比较详细，而唐宋以后的较为简略。其

实除了对诗词歌赋的收取之外，大多数还收取了史书对该部的赞论以及一些人的感慨之作。(4)纪事，主要收录的是除“汇考”所记的大事以外所涉及的关于该部的具体琐细，都是有可取之处的资料。按照时代顺序，正史记录的在前，稗史子集记录的附着于后。大体上是对“汇考”和“总论”的补充。(5)杂录，主要是一些驳杂的论述。如有些文字，虽是出自名家之手，但并不是专门论及此事，只是偶尔提到，就会录入“杂录”。“杂录”是对“艺文”的补充。也就是说“纪事”偏重于对“事”的记载，是用史实说话；而“杂录”则偏重于“言”，多取于史传和笔记的琐言。(6)外编，主要是收录关于该部的一些荒唐难信的言语之辞。(7)图，主要是有关该部的绘图。如星宿图、疆域图、山势图、禽兽图、草木图、器皿图等的绘制。(8)表是有关该部的列表。如星座、宫度、纪元等没有表就很难详细列

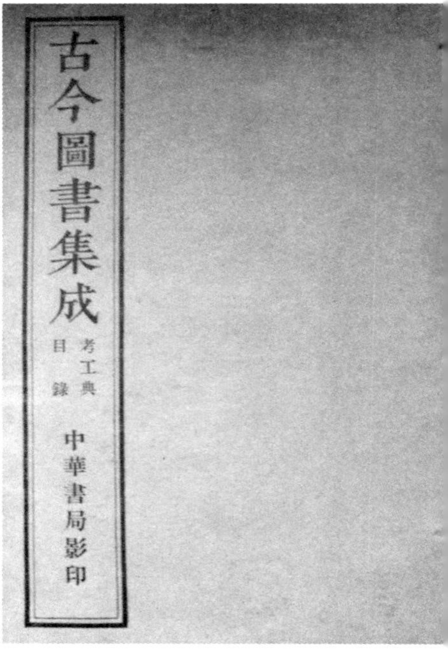

出来。表大多用于星宿纪元。(9)选句，即是摘录有关该部的名句佳对，多是后来的典故。（10）列传，主要是从古籍中（以史书、地方志为主）辑录有关人物的传记资料，主要在宫闱、官常、氏族、闺媛、艺术、神异、文学和字学等典籍中。如大小名臣列传一百四十二卷，名流名家列传一百九十一卷，著名妇女列传三百一十三卷，尤其是一些史书中遗漏的人物，人们可以在此获得十分珍贵的资料。这样科学合理的、多层次的结构体系安排，形成了一个规模宏大、结构严谨、次序井然的网络框架，从而具有了对古代文献的巨大容纳空间和整体排序能力。可以说《集成》的编纂者是吸收了以往类书编纂的一些优点，也摒弃了以往编写过程中的不足，扬长避短，有独创性地编著了《集成》的新体例。这样的安排既使全书体例严谨、分类详细，又不拘泥于旧制，增强了全书资料的系统性，而且条理分明，

方便实用。

这十大部分的内容和前后次序的安排又体现了《集成》的编者在编纂此书时的另一特点，那就是事件与文章间隔出现，主次分列，因类制宜。正常情况下，《集成》的编纂者都是先列汇考总论，后列选句艺文，主次分列，事前文后。但编者又不完全拘泥于这一原则，如末尾附录的纪事、杂录、外编就突破了“事前文后”的惯例，“事”与“文”交错出现。每部的内容也并不是平均分配的，而是有详有略，主次分明，而且每部下分列的这十个部分又不是完备的。如《氏族典》中下设了近六百个部，而这六百个部的姓氏仅存列传这一个部分，而在《星辰部》中，除了列传其余九个部分都是齐备的。这十个部分基本上是整部书体例的一个通例，但特殊的也会增加，如《易经部·外编》后增加了《易学别传》这一部分。这一原则又体现了《集成》编者在大体遵循原则的基

础上所表现出的灵活性和多变性。

文与表、图并用则是《集成》体例的另一大特点。从我国现存最早的类书《北堂书钞》到我国古代最大的类书——明代《永乐大典》，都没有配图。唯有《集成》一书开类书配图之先河。全书不仅有文有表，还配有千余幅的图，采用了文、表、图并用的形式。凡是花草树木、虫鱼鸟兽、名山大川、器物用具、楼台阁榭等都有该事物的形状，尤其是书中关于星象图的绘制，更是惟妙惟肖，如《乾象典》的《天地总部汇考》收录了“十二重天图”“黄赤道二分二至图”“日轮远近分寒暑图”“二十四气日轮距赤道远近图”“月不正当日下不尽见食图”“北极出地四十度昼夜长短图”等二十三幅星象图，栩栩如生地展现了文中所描述的内容。全书共计列表四百五十二份，绘图六千二百六十四幅，而且“图绘精详，考订切当”，构图方法十分先进。如当时的

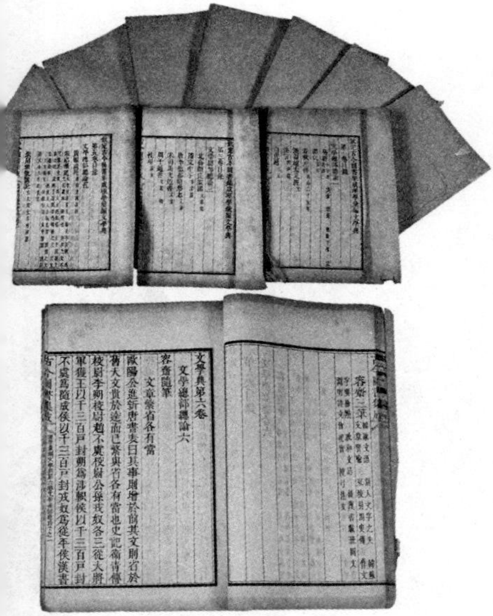

《皇舆全览图》，连外国学者也承认“是亚洲当时所有的地图中最好的一幅，而且比当时所有的欧洲地图都要更好、更精确”。《集成》中图表的运用，从形式到内容，从数量到质量，都标新立异，进一步提高了《集成》一书的价值。

以往类书中所征引的文献大都只是简短的几句，而且对文献的出处也没标注得很清楚，而《集成》一书却不是这样，编者陈梦雷将所引用的资料一一标明所出书籍、篇章和作者等，十分注重征引文献的系统性和完整性。

《集成》还十分注重收录科学技术方面的文献，对于这类文献，不仅文字不作删节，而且连书中的示意图都一一描绘。尤其重视西方天文等科学技术，这是康熙时代的社会风尚，也是该书体例的另一大特点。

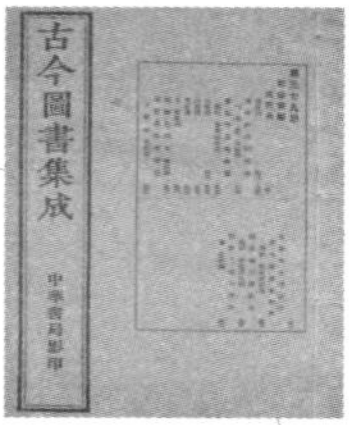

三、浩繁宏博，巨细不遗——《古今图书集成》的内容

陈梦雷在其晚年自著诗文集——《松鹤山房诗文集》的第九卷中，较为详细地记述了他编纂《集成》一书的始末。他在《上诚亲王〈汇编〉启》中写道：“凡在六合（天地和东南西北，泛指天下）之内，巨细毕举，其在‘十三经’（《诗经》《尚书》《周礼》《仪礼》《礼记》《周易》《左传》《公羊传》《谷梁传》《论语》《尔雅》《孝经》《孟子》）‘二十一史’

(《史记》《汉书》《后汉书》《三国志》《晋书》《宋书》《南齐书》《梁书》《陈书》《魏书》《北齐书》《周书》《隋书》《南史》《北史》《新唐书》《新五代史》《宋史》《辽史》《金史》《元史》)者，只字不遗。其在稗史子集者，十亦只删一二。以百篇为一卷，可得三千六百余卷，若以古人卷帙较之，可得万余卷。”接着他又写道：“较之前代《太平御览》《册府元龟》，广大精详，何止十倍！”由此可见，《集成》一书欲包括当时社会的全部学问，内容何其浩繁！它不愧是中外学者查阅各种资料的“百科全书”。天文地

理、政治经济、军事法律、边疆民族、诗词歌赋、花草虫鱼、人物传记等等资料都收录其中。

（一）《历象汇编》

《历象汇编》收录的是有关天文方面的内容，主要为我们提供了康熙王朝以前的中外天文知识。包括《乾象典》《岁功典》《历法典》《庶征典》四典。

《乾象典》共设了《天地总部》《天部》《阴阳部》《五行部》《七政部》《日月部》《日部》《月部》《星辰部》《天河

部》《风部》《云霞部》《雾部》《虹霓部》《雷电部》《雨部》《露部》《霜部》《雪部》《火部》《烟部》等二十一部，共一百卷。主要是关于天文和气象的，其中包括天地、阴阳、五行、日月、星辰以及风云、雨雪、雷电等，还有和其有关的火与烟。如对人与天地阴阳、风与疾病、雷电伤人等的记载以及雨水露水、冬霜蜡雪对身体的治疗功用等。如《天河部》中对民间故事“牛郎织女七夕渡河使鹊为桥”的记载：相传很早以前，南阳城西牛家庄里有个聪明、忠厚的小伙子，父母早亡，只好跟着哥哥嫂子度日。嫂子经常虐待

他，逼他整天在深山放牛，一次放牛的时候，牛郎救了一头病怏怏的老牛，后来老牛告诉牛郎自己是因犯了天条被贬下凡的神牛。一天，天上的织女和诸仙女一起下凡，去河里洗澡。牛郎在老牛的帮助下认识了织女，二人互生情意，后来织女便偷偷下凡，做了牛郎的妻子。牛郎和织女结婚后，男耕女织，情深意重，而且还生了一男一女两个孩子，一家人生活得很幸福。但是好景不长，这件事很快便被天帝知道了，王母娘娘亲自下凡，强行把织女带回天上，恩爱夫妻被强行拆散。牛郎上

天无路，老牛告诉牛郎，在它死后，可以用它的皮做成鞋子，穿着这双鞋子就可以上天去追织女。说完，老牛就死了。牛郎按照老牛的话做了，穿上牛皮做的鞋，拉着自己的儿女，一起腾云驾雾上天去追织女，眼见就要追到了，岂知王母娘娘拔下头上的金簪一挥，一道波涛汹涌的天河就出现了，牛郎和织女被隔在两岸，只能相对哭泣。他们忠贞的爱情感动了喜鹊，千万只喜鹊飞来，搭成鹊桥，让牛郎织女走上鹊桥相会，王母娘娘对此也很

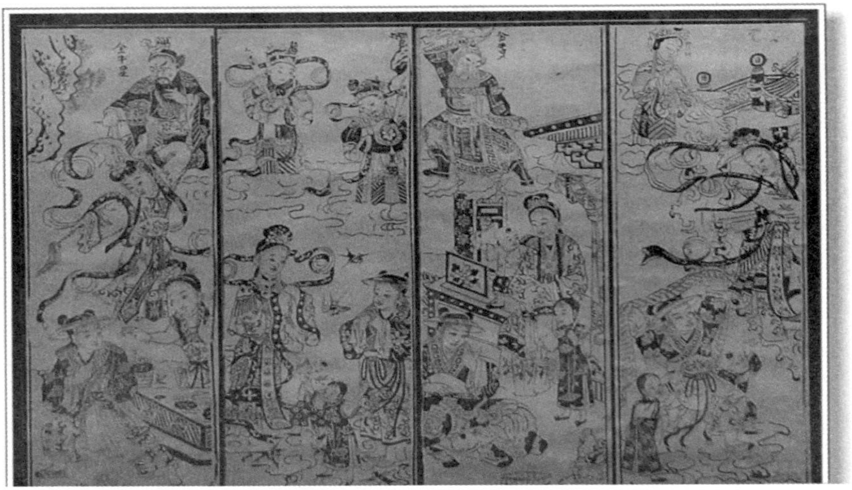

无奈，又被二人的真情所感动，只好允许他们在每年七月初七于鹊桥相会。后来，每到农历七月初七相传牛郎织女鹊桥相会的日子，姑娘们就会来到花前月下，抬头仰望星空，寻找银河两边的牛郎星和织女星，希望能看到他们一年一度的相会，乞求上天能让自己像织女那样心灵手巧，祈祷自己能有称心如意的美满婚姻，由此形成了“七夕节”。

《岁功典》主要设了《岁功总部》《春部》《孟春部》《立春部》《元旦部》《人日部》《上元部》《仲春部》

《社日部》《花朝部》《季春部》《上巳部》《清明部》《夏部》《孟夏部》《立夏部》《仲夏部》《端午部》《夏至部》《季夏部》《伏日部》《秋部》《孟秋部》《立秋部》《七夕部》《中元部》《仲秋部》《中秋部》《季秋部》《重阳部》《冬部》《孟冬部》《立冬部》《仲冬部》《冬至部》《季冬部》《腊日部》《除夕部》《闰月部》《寒暑部》《干支部》《晦朔弦望部》《晨昏昼夜部》等共四十三部、一百一十六卷。主要是关于时序、节令、风俗的资料，其中包括季节、月令、寒暑、干支、晨昏、昼夜等。关于季节的各部里，就包含有关于四季与人的心情、四季与饮食、四季与居住环境，以及各季、月、节令的修养调摄、养生宜忌、卫生习俗、采药合药、防疫祛病、寒暑变易、防寒避暑等药方以

及关于药枕的记载。如关于节日“元旦”的诗文记载：《元旦部艺文》就引用了曹植的《元会》，唐太宗的《元旦》《元旦临朝》，白居易的《虞楼岁旦》和刘禹锡的《元旦感怀》：“振蛰春潜至，湘南人未归。身加一日长，心觉去年非。爝火委虚烬，儿童炫彩衣。异乡无相识，车马到门稀。”

《历法典》共包括《历法总部》《仪象部》《漏刻部》《测量部》《算法部》《数目部》六部，共一百四十卷。主要是有关历法、仪象、漏刻（我国古代一种计量时间的仪器）以及测量、算法、数目等的资料。如《数目部·汇考八九类》中关于数字“九”的记载：“九天”指的是中央钧天、东方苍天、东北方变天、

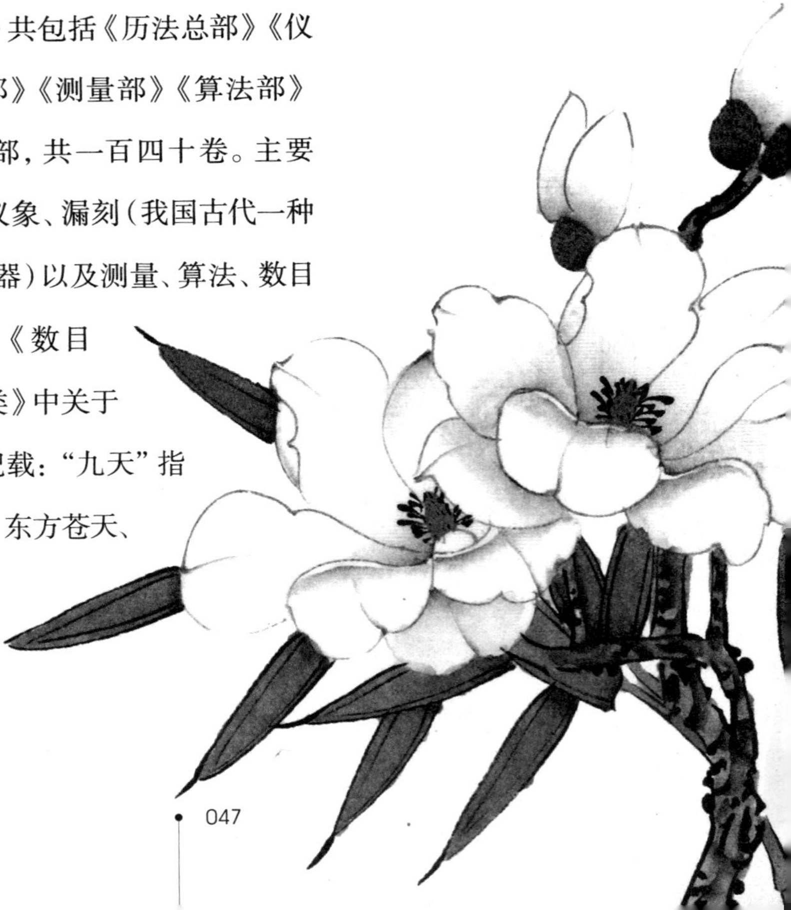

北方玄天、西北方幽天、西方颢天、西南方朱天、南方炎天、东南方阳天。“九族”，一种指的是上自高祖，下至玄孙的九代亲属，即我们现在所提到的高祖父、曾祖父、祖父、父亲、自身、儿子、孙子、曾孙和玄孙以及和这九代有关系的所有在五服之内的异性亲属。还有一种说法指的是父族四、母族三以及妻族二，父族四指自己的同族、出嫁的姑母及其儿子、出嫁的姐妹及外甥、出嫁的女儿及外孙；母族三指的是外祖父一家、外祖母的娘家、姨母及其儿子；妻族二指的是岳父的一家、岳母的娘家。

“九德”指的是宽而栗、柔而立、愿而恭、乱而敬、扰而毅、直而温、简而廉、刚而塞、疆而义，用现在的话说就是宽宏大量而又严肃恭谨，性情温和而又有主见能立事，老实谨慎而又能恭敬端正，能排乱解纷而又小心慎重，柔顺驯服而又坚强刚毅，挺直端

正而又和善宽厚，质朴平易而又清正廉洁，能刚断事理而又有节有制，刚正强直而又容止适度。

《庶征典》共包括《庶征总部》《天变部》《日异部》《月异部》《星变部》《风异部》《云气异部》《雨异部》《露异部》《雹灾部》《旱灾部》《火灾部》《光异部》《寒暑异部》《丰歉部》《疫灾部》《地异部》《山异部》《梦部》《饮食异部》《冠服异部》《神怪异部》《禽异部》《鸡异部》《兽异部》《马异部》《牛异部》《羊异部》《犬异部》《豸异部》《鼠异部》《草木异部》等共五十一部，一百八十八卷。主要记载的是有关宇宙变异、自然灾害的资料，其中包括变异、灾荒、梦、谣、谶等。如《庶征典》里专设《疫灾部》，在该部里面专门记载了我国古代各个历史时期疫病流行的年代、地域以及流行状况，比较全面和系统

地反映了历史上传染病及流行病的发生和流行状况。《人异部》里主要记载的是在形体上或是生理上有异常的人类，如现在的侏儒、巨人、连体儿、多胞胎、畸形儿、性变异等。如《唐高宗本纪》关于连体儿的记载，唐高宗仪凤三年（678年）四月，泾州一妇女生了一对心连在一起的连体儿；鹌觚县卫士胡万年的妻子吴氏生了一男一女双胞胎，但生下来时他们的胸部是连在一起的，其余的部位都是正常的，医生在将他们分离时，两个婴儿全死了。可见在古代我国就已经为连体婴儿做过分离手术。后来吴氏又生下一对都是男

孩的连体儿，夫妻一直把他们养到4岁，后来献给了朝廷。

（二）《方舆汇编》

《方舆汇编》主要是有关地理方面的资料。包括《坤舆典》《职方典》《山川典》《边裔典》四典。

《坤舆典》共包括《坤舆总部》《土部》《泥部》《石部》《砂部》《汞部》《黄部》《灰尘部》《水部》《冰部》《泉部》《温泉部》《井部》《舆图部》《建都部》《留都部》《关隘部》《市肆部》《陵寝部》《冢墓部》等二十一部，一百四十

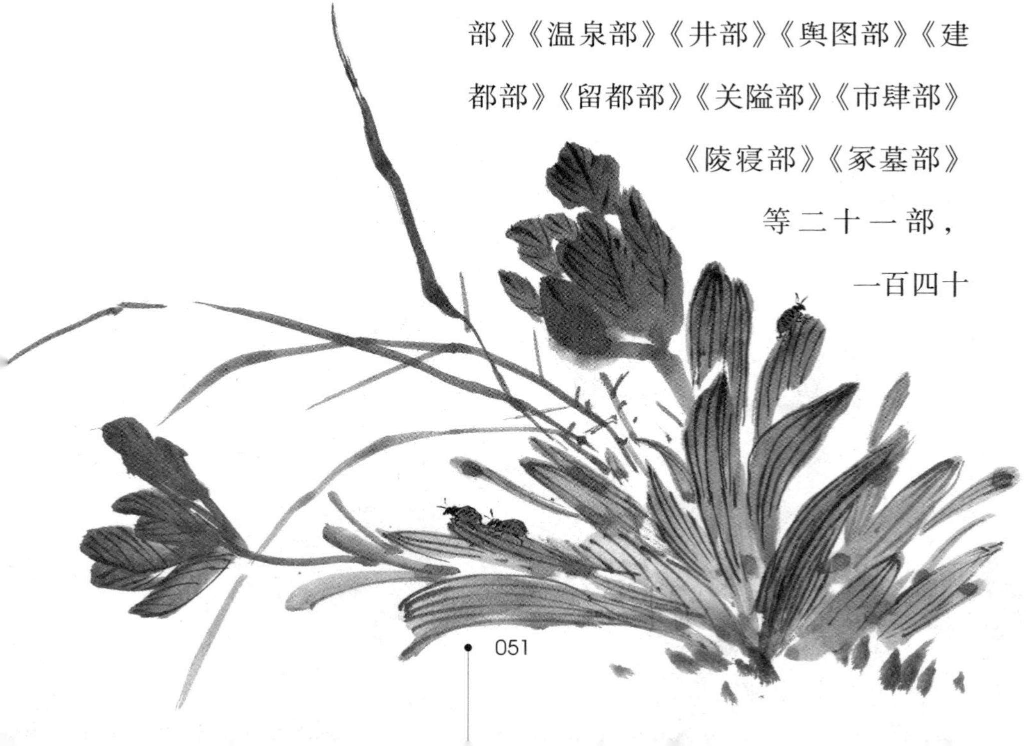

卷。主要是关于地形和地质的资料。如《建都部·汇考三》中对于唐代都城长安的记载，长安由皇城、宫城、外郭城三部分组成。其中皇城长一千九百一十五步，宽一千二百步；宫城长一千四百四十步，宽九百六十步；外郭城长四千八百六十步。《建都部·艺文》中还摘录了关于长安的诗词，如杜牧的《长安杂题长句六首》中的“雨晴九陌铺江练，岚嫩千峰叠海涛。南苑草芳眠锦雉，夹城云暖下霓旄。少年羁络青纹玉，游女花簪紫蒂桃。江碧柳深人尽醉，一瓢颜巷日空高”和“洪河清渭天池浚，太白终南地轴横。祥云辉映汉宫紫，春光绣画秦川明。草妒佳人钿朵色，风回公子玉衔声。六飞南幸芙蓉苑，十里飘香入夹城”两首。

《职方典》

共包括《职方总部》《京畿总部》《顺天府部》《永平府部》《保定府部》《河间府部》《真定府部》《顺德府部》《广平府部》《大名府部》《宣化府部》《盛京总部》《奉天府部》《锦州府部》《乌拉宁古塔部》《平阳府部》《开封府部》等二百二十三部，共一千五百四十四卷。主要是记载清代各省各府的地理资料，分为京畿、盛京、山东、山西、河南、陕西、四川、江南、江西、浙江、福建、湖广、广东、广西、云南、贵州等十六个省，省下又设了府，如顺天府、苏州府、贵阳府等，对于这些府作者先列汇考，次列总论，并配有图，然后按每一府的顺序又逐一记述了各府的建制制度、疆域、山川、城池、行政机构、学校以及该府的赋役、风俗、寺庙、古迹、艺文、杂录、外编等项内容。如《京畿总部·京都宫殿考》中对于清代一些宫殿的描述：太和

殿是皇朝的正殿、中和殿在太和殿后面、保和殿在中和殿的后面、中左门和中右门分别在太和殿的左右两侧、后左门和后右门分别在保和殿的左右两侧。乾清宫在大朝三殿的后面，是皇上居住的地方；坤宁宫在乾清宫的后面，是皇后居住的宫殿；交泰殿在乾清、坤宁两宫之间；慈宁宫在武英殿后面是太皇太后的宫殿；寿宁宫在慈宁宫西北方，是皇太后的居所。

《山川典》包括山部和水部两部分。山部主要记载各地的名山，有《山川总部》《五岳总部》《长白山部》《天目山部》《武当山部》《天寿山部》《大房山部》《泰山部》《崂山部》《蓬莱山部》《五台山部》《王屋山部》《太行山部》《嵩山部》《终南山部》《华山部》《太白山部》《梁山部》《崆峒山部》《贺兰山部》《昆仑山部》《祁连山部》《茅山部》《黄山部》等共二百八十三部；水部

主要记载各地的江河湖海，包括《鸭绿江部》《九河部》《趵突泉部》《汶水部》《泗水部》《晋水部》《沁水部》《汾水部》《洛水部》《淮水部》《汉水部》《秦淮河部》等共一百一十七部。“山部”中如《五台山部·汇考》中关于五台山的记载，依据《华严经》，五台山即是古代的佛教圣地清凉山，清凉山的五峰高入云霄，顶部全是由积土组成，所以才称作“五台山”。夏天山上面有冰雪积压，所以也被称为“清凉山”。五台山在山西太原府五台县东北一百四十里（今山西省东北部，忻州市五台县和繁峙县之间），方

圆共占五百里。其中中台高三十九里，东台高三十八里，南台高三十七里，西台高三十五里，北台高四十里。“水部”如《西湖·汇考一》中的记载：西湖本来是圣湖，后又改名为钱塘湖，方圆三十余里，东面接着杭州府，西、南、北三面全是山，山的下面都有溪谷泉眼，西湖就是由这些水流汇集而成的。

《边裔典》中的《东方诸国总部》介绍了《朝鲜部》《日本部》《扶桑部》《女国部》《渤海部》等部；《西方诸国总部》介绍了《月氏部》《天竺部》《吐蕃部》《哈密部》《西夏部》等部；《南方诸国总部》介绍了《爪哇部》《琉球部》《缅国部》《百花部》《南巫里部》等部；《北方诸国总部》介绍了《匈奴部》《山绒部》《突厥部》《蒙古部》等部。

《边裔典》共包括五百四十二部，主要是有关我国少数民族和外国及其民

族的资料。如对于邻国日本的记录，《集成》收录最早的关于日本的资料载于《后汉书·世祖本纪》中，书中记载“在韩东南大海中，依山岛为居，自武帝灭朝鲜使译通”。《吐蕃部·汇考一》中记录了关于贞观十五年文成公主下嫁吐蕃的事情。这些都为我们研究地质以及疆域问题提供了珍贵的文献资料。

《方舆汇编》辑录了大量的古代民族、外邦、府、州和县等的资料，选编了许多重要的文献资料，收录的地名非常丰富。在其他书中找不到的一些当时的小地名和稀有文献，常常能够

在《集成》中找到。而且值得一提的是，《方舆汇编》绘制的地图，吸收了当时最新的测绘成果，采用平面投影和实地测绘资料绘制，印刷也很精美，而且《坤舆典》和《职方典》中各省府州的地图都是经过实地勘测的，所以绘制比较准确，对山川河流的描绘手法已经接近现代地图的制作，为我们了解古代的一些地理知识提供了十分难得的资料。而且还有许多关于地质学方面极有价值的资料，如从《费县历山图》发现了历山山谷的更生现象，从山东《峄山图》中可以查得水成巨砾沉积等资料。

（三）《明伦汇编》

《明伦汇编》是有关古代人伦规范的内容。包括《皇极典》《宫闱典》《官常典》《家范典》《交谊典》《氏族典》《人事典》《闺媛典》八典。

《皇极典》共包括《皇极总部》《君父部》《君臣部》《帝纪部》《帝运部》《国号部》《帝号部》《登极部》《正朔部》《纪元部》《圣寿部》《君德部》《圣学部》《用人部》《法令部》《创守部》《风俗部》等三十一部，主要记载的是有关历代帝王统治政策的一些资料，如各代王朝的皇帝本纪、君臣关系、年号、御制以及罚赏制度等。如《帝纪部·汇考》中对于明代开国皇帝朱元璋的记载：朱元璋（1328—1398年），明朝开国皇帝，濠洲钟离（今安徽凤阳东）人。家里世代为农，小时候曾做过雇工和僧人，后投靠郭子兴领导的红巾军反抗元朝暴政，在郭子兴死后统率郭子兴的部下继续反抗元朝。接着以战功连续升迁，至正十六年(1356年)诸将奉朱元璋为吴国公。至正二十四年（1364年）即吴王位。洪武元年(1368年)，在基本击破各路农民起义军和扫平元朝的残余势力后，于南京称帝，国

号大明，年号洪武。开始了明朝二百七十年的历史。洪武三十一年（1398年）闰五月十日去世，死时71岁，同月十六日葬于孝陵。

《宫闱典》共包括《宫闱总部》《太皇太后部》《太上皇部》《皇太后部》《皇后部》《妃嫔部》《宫女部》《乳保部》《东宫部》《东宫妃嫔部》《皇子部》《皇孙部》《公主驸马部》《外戚部》《宦寺部》十五部，共一百四十卷。顾名思义记载的是有关宫廷中太上皇、太后、皇后、妃嫔、皇子、公主、驸马、皇亲国

戚、宫女、宦侍等和皇帝有关系的人物的生活。如《皇后部·列传七》引用了《唐书·后妃传》的记载，长孙皇后（名字史书没有记载）是河南洛阳人，祖先是北魏的拓跋氏。长孙皇后是隋朝骁卫将军长孙晟的女儿，长孙氏13岁时便嫁给了当时太原留守李渊的次子、年方17岁的李世民为妻，她年龄虽小，但已能尽行妇道，悉心侍奉公公，相夫教子，是一个非常称职的小媳妇，深得丈夫和公婆的欢心。李世民即位后，长孙氏也随即立为母仪天下的长孙皇后。唐太宗开创的"贞观之治"与长孙皇后的深明大义是分不开的。她还亲手编纂了《女则》十卷，主要记述许多古代女子优越卓著的表现。贞

观十年盛暑中长孙皇后崩逝于立政殿，享年仅36岁。弥留之际尚殷殷嘱咐唐太宗善待贤臣，不要让外戚位居显要，并请求死后薄葬，一切从简。

《官常典》共包括《官常总部》《宗藩部》《圣裔部》《公辅部》《翰林院部》《宫僚部》《吏人部》《宗人府部》《吏部》《户部》《礼部》《兵部》《工部》《刑部》《都察院部》《国子监部》《将帅部》《节度使部》等共六十五部，共八百卷。主要记述的是百官之事，以及一些居官职责的资料，如当时最显著的宗藩、翰林、吏部、户部、将帅、忠烈、政事等。如《将帅部·名臣列传十四》中关于三国名将周瑜的记录：周瑜，字公瑾，庐江舒（今安徽庐江）人，从祖父周景、周景的儿子周忠，都是汉朝太尉。周瑜的父亲周异，曾经做过洛阳令。周瑜长相俊美，少年时与孙策结识，后共谋大计，24岁时封为中

郎将，娶美女小乔为妻。

《家范典》共包括《家范总部》《祖孙部》《父母部》《父子部》《母子部》《教子部》《乳母部》《嫡庶部》《养子部》《女子部》《姑媳部》《子孙部》《兄弟部》《姊妹部》《嫂叔部》《妯娌部》《叔侄部》《夫妇部》《媵妾部》《宗族部》《外祖孙部》《甥舅部》《母党部》《翁婿部》《妻族部》《中表部》《妻属部》《奴婢部》等三十一部，主要内容是有关治家纲领以及各种家族关系的资料。如《父母部·汇考》里摘自《说卦传》的一段论说：乾，天也，故称父；坤，地也，故称母；乾坤交而生震、巽、坎、离、艮、兑六子，所以把生育孩子的称作父母，把生下来的孩子称为子女。

《交谊典》共包括《交谊总部》《师友部》《师弟部》《主司门生部》《朋友部》

《父执部》《前辈部》《同学部》《同年部》《世谊部》《结义部》《规谏部》《品题部》《荐扬部》《嫌疑部》《傲慢部》《趋附部》《恩仇部》等四十部，共六百四十卷。记载了有关朋友关系、社交关系的资料以及当时的一些社会世态。如《朋友部·纪事》中关于廉颇与蔺相如的故事；《结义部·纪事》中引用了《三国志·张飞传》中关于刘备、关羽、张飞桃园结义的故事；《送别部·艺文》中更是收录了大量的送别诗，如王勃的《送杜少府之任蜀州》，王维的《送元二使安西》，李白的《送孟浩然之广陵》《赠汪伦》，

高适的《别董大》，孟郊的《留别知己》等等。

《氏族典》共两千六百九十六部，共六百四十卷。主要是有关各种姓氏源流、支系的资料，它按照单姓在前、复姓在后的顺序，根据南宋人刘渊创作的一种平水韵依次排列。所谓平水韵是指宋代以后使用的一种作诗的诗韵系统，共一百零六韵，是从更早的二百零六韵的《广韵》简略而来的，按这种韵排列《氏族典》首列“东”姓。该典所收姓氏比较全面，基本上中华姓氏的源流都可以在《氏族典》中找到源头，以及这一姓氏比较有影响的代表人物。如《氏族典·张姓部》对“张”姓的记载：“张”姓主要来源有：（1）出自上古黄帝的后人挥。据《新唐书·宰相世系表》记载：黄帝的第五个儿子青阳生了儿子挥，挥看见天上的弧月，就照着弧月的样子制作了弓箭，所以他的子孙赐姓“张”。这一支由黄帝直接传下

来的张姓，最初发源于尹城国的青阳（即清阳），其后望族也出于这一带。主要是河北张氏。（2）张氏世代在晋朝为官，公元前403年韩、赵、魏三家瓜分晋国后，除部分留原地外，大部分随着三国迁都而迁移。其中，以迁居韩国的张氏影响较大，历代都有入朝为官的名人。韩国最初定都平阳（今山西临汾西南），后南迁到宜阳（今河南宜阳县韩城），又迁阳翟（今河南禹州），最后迁至郑（今河南新郑）。赵国最初定都晋阳（今山西太原西

南），后迁中牟（今河南鹤壁市西），最后又迁邯郸（今属河北）。魏国最开始定都安邑（今山西夏县西北），后迁大梁（今河南开封市）。这主要是山西、河北、河南三地的张姓。(3) 春秋时，晋国有大夫解张，字张侯，他的后世子孙就以他的字命为姓氏，即“张”姓。从此，晋国就有了张姓。《集成》一书也收录了很多张氏名人。如家喻户晓的张三丰，《张姓部·列传》中引用了《明外史》中对张三丰的记载：张三丰，辽东懿州（今阜新蒙古族自

治县塔营子乡）人，全名张君宝，三丰是他的号，他整天不修边幅，所以当时的人称他为“张邋遢”。他龟形鹤背，大耳圆目，胡须如戟。不管寒暑，只是穿着一衲一蓑，一餐能吃好几斗也时常好几天或是好几个月才吃一顿饭食。对于看过的经书能够过目不忘，经常在武当山的岩壑中游览，当时的武当山南面紫霄峰被战争毁坏，张三丰在瓦砾中盖了自己的小草屋，后来又开始游走四方。宋太祖赵匡胤听闻了他的事，派使者到处寻找他，但最终都没有找到。后来张三丰坐在金台上整整一日，说自己不久将离开人世，他逝世安葬时，安葬的人听到棺材内有声音，众人打开棺材看见张三丰复活了。后来他又开始游历四方。后人对其行踪一无所知。

《人事典》共包括《人事总部》《身体部》《头部》《颈部》《发部》《面部》《眉部》《目部》《耳部》《鼻部》《口

部》《齿部》《须部》《手部》《足部》《腹部》《脏腑部》《形神部》《形貌部》《年齿部》《老幼部》《初生部》《名字部》《喜怒部》《忧乐部》《悲欢部》《恐惧部》《疑惑部》等九十七部，共一百一十二卷。对人体的各个部分进行了详细的介绍，相当于系统的人生、解剖学。例如《初生部》里就包括养胎、护胎、胎教、婴儿出生等内容；《养生部》中主要讲一些养生的理论知识，对于现代人也是非常宝贵的养生之道；《寿夭部》记载了人的岁数和长寿的方法；《生死部》里记载了人的生死、丧夭、复苏等方面的内容；《名字部》主要是有关名字的一些常识；《喜怒部》《忧乐部》《悲欢部》《恐惧部》《疑惑部》主要是有关人的思想感情、喜怒哀乐的变化以及对人体的影响。

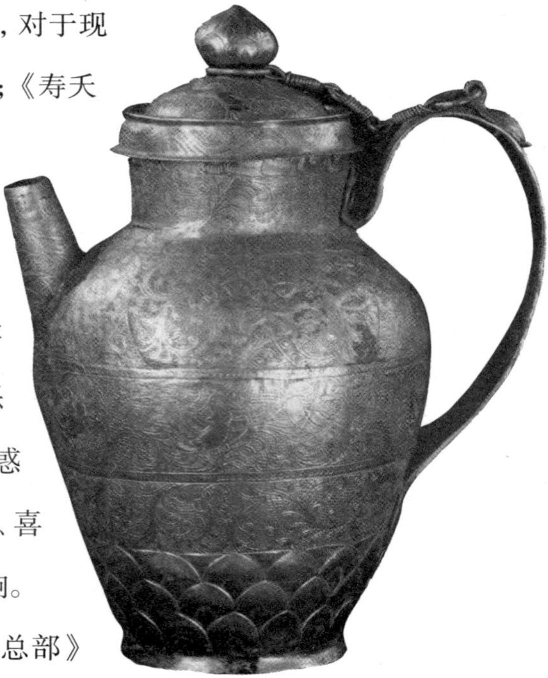

《闺媛典》共包括《闺媛总部》

《闺淑部》《闺孝部》《闺义部》《闺烈部》《闺节部》《闺识部》《闺藻部》《闺慧部》《闺奇部》《闺巧部》《闺福部》《闺艳部》《闺恨部》《闺悟部》《闺职部》《闺饰部》十七部，共三百七十六卷。在男尊女卑的封建社会，编者能够摒弃这种几千年来形成的伦理观念，而为女性专设一典，实属难能可贵。如《闺烈部》中对历史上著名的巾帼英雄花木兰是这样记录的：少女木兰姓韩，元末凤阳府虹县人。其父韩成为朱元璋起义军小

首领，早年战死，母亦早丧，她改换男装入军中十二年，转战南北杀敌立功。后人在其家乡建立了木兰庙、木兰寺，四时享祀。如《闺巧部》中关于黄道婆的记载：黄道婆，松江乌泥泾（今上海华泾镇）人，生活在宋末元初。生年无记录，由于家庭贫苦，十多岁时被卖为童养媳，婚后不堪家庭虐待，随黄浦江海船逃到海南岛崖州。在崖州随黎族人学习纺织。约1295年，回到松江乌泥泾，从事纺织，教当地妇女棉纺织技术，并且制成一套扦、弹、纺、织工具（如搅车、椎弓、三锭脚踏纺车等），提高了纺纱效率。在织造方面，她用错纱、配色、综线、挈花工艺技术，织制出有名的乌泥泾被，从此，松江的纺织业发达起来。而且《闺媛典》还专设了有关古代人恋足缠足的《弓莲篇》。但《闺媛典》整体上都是理论知识以及有关各部中的代表女性，依旧带有封建色彩和对女性的诸多要求。

（四）《博物汇编》

《博物汇编》主要是关于古代生物、农业、医学、风俗以及宗教等方面的文献资料。包括《艺术典》《神异典》《禽虫典》《草木典》四典。

《艺术典》包括《艺术总部》《农部》《渔部》《樵部》《牧部》《御部》《戈部》《猎部》《医部》《星命部》《相术部》《术数部》《画部》《弈棋部》《优伶部》等四十三部，共八百二十四卷。主要记载的是有关农牧、医、占卜、星相以及绘画、棋艺、商贾、佣工、优伶、娼妓等的资料，共包括四十三部。如《农部·汇考》里引用了《诗经》中的诗歌，记载了各月应该做的农活；在《星命部总论》里编者引用了《论命术》讲述孔子关于命术的看法；如“薛涛笺”的创始人薛涛在《娼妓部·名流列传》中就有相关

记载：薛涛，字洪度，本是长安人，因父亲薛郧在蜀地（今四川一带）任官，所以随家人住在蜀地。薛涛性敏慧，八九岁即能诗、通晓音律，姿容美艳，多才多艺，声名倾动一时。

《神异典》共包括《神异总部》《皇天上帝部》《大名之神部》《风云雷雨诸神部》《东岳泰山之神部》《西岳华山之神部》《南岳衡山之神部》《北岳恒山之神部》《中岳嵩山之神部》《海神部》《社稷之神部》《瘟疫之神部》等七十部，共三百二十卷。主要是有关历代神仙鬼怪和佛、道等宗教的一些资料。比如对“八仙过海”中何仙姑的记载，《神异典》引用了《安庆府志》《祁阳县志》《福建通志》《浙江通志》及《歙县志》等各地地方志的记载，在安徽桐城、祁门，福建武平，浙江昌化等地，都有关于“何仙姑”在该地的遗迹和传闻。《福建通志》认为何仙姑是卖饼人何大郎的女儿，吕洞宾见

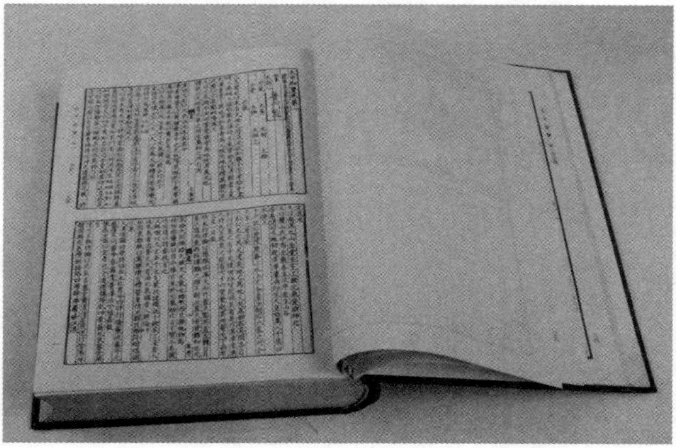

她有“仙质”，便每天向仙姑讨饼吃，何仙姑是一个善良的姑娘，对吕洞宾每次都有求必应，吕洞宾被感动，便给她吃了一枚仙桃，使仙姑位列仙班。这个故事与民间传说中吕洞宾收何仙姑为徒的情节非常相似，只是地点由广东换成了福建；而在广东的何仙姑传说中，记载的却是何仙姑于广州投井访仙、在福建登仙的说法。《神异典》将这些传说全部录入，方便后人查询。

《禽虫典》共包括《禽虫总部》《羽禽总部》《凤凰部》《鹤部》《雕部》《鹰部》《鸿雁部》《鹊部》等三百一十七部，

共一百九十二卷。顾名思义，主要收录的是有关各种飞禽走兽的一部动物百科全书。在这部典中，编者对《封神演义》中被人们传成“狐狸精”的妲己也有记载，《禽虫典卷一》中对有关妲己的身份提出了另类看法：妲己本是一头“雉精”，也就是由某种羽色斑斓的山鸡变成的精灵。另外在《禽虫典·龟部》中，不仅记载了龟在黄帝伐蚩尤的大战中的作用，还形象生动地描述了龟作为水中灵物，变为人间妙龄女郎，在花荫柳掩的河边欢笑、嬉戏的生活情形。《禽虫典》涉及部类甚多，还记录了多种飞禽走兽及其附属部位与器官的入药和治疗功用，这部分资料主要取材于李时珍的《本草纲目》。

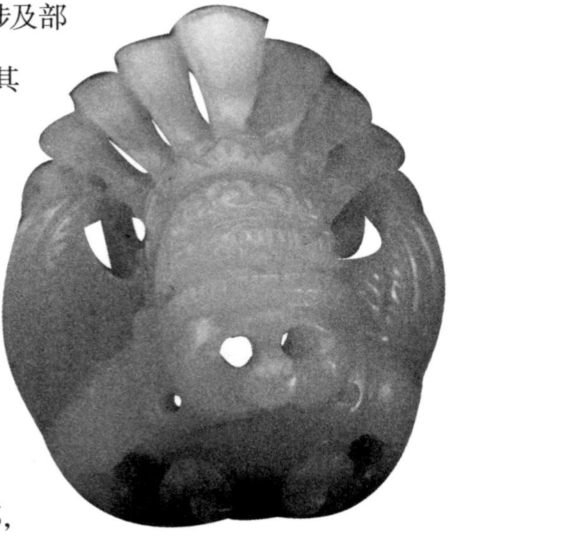

《草木典》包括《草木总部》《草部》《木部》《叶部》《花部》《果部》《稻部》《黍部》《黍部》《豆部》《麻部》等七百部，

共三百二十卷。收录的是有关花草树木的资料。在《草木典》的《花部·艺文》里编者收录了许多有关花的诗词歌赋，如杜甫的《早花》《花底》，韩愈的《惜花》等。《草木典》和《禽虫典》一样都是大段收录了李时珍《本草纲目》里的内容，对于我们了解植物的药用价值非常有帮助。

（五）《理学汇编》

《理学汇编》为人们提供了经学、史学、文学等方面的资料，包括《经籍典》

《学行典》《文学典》《字学典》四典。

《经籍典》是有关经典书籍的资料，《经籍典》共计六十六部。单列专章的有《河图洛书部》《易经部》《书经部》《诗经部》《春秋部》《礼记部》《仪礼部》《周礼部》《论语部》《大学部》《中庸部》《孟子部》《四书部》《孝经部》《尔雅部》《经学部》《国语部》《战国策部》《史记部》《汉书部》《后汉书部》《三国志部》《老子部》《庄子部》《列子部》《管子部》《孙子部》《韩非子部》《荀子部》《淮南子部》等。在《经籍典·列传》里作者为许多文人都做了传记，如《左传》的作者左丘明、《史记》的作者司马迁等，另外在外编里编者还为《老子》《庄子》等书做了外编。

《学行典》包括《学行总部》《理气部》《理数部》《性命部》

《性情部》《仁部》《义部》《礼部》《智部》《信部》《诸贤部》《孝悌部》《隐逸部》等共九十六部，计三百卷。主要是有关人品、操行、学问、名贤列传以及游侠、勇士等的资料。如编者在《诸贤部》里就记录了孔子及其弟子的一些事迹。

“孝道”是中华民族传统文化之精髓，编者陈梦雷在列传里也记录了许多关于古代孝子贤孙的故事，如“郭巨埋儿葬母”的故事：晋代人郭巨，原本家道殷实，父亲死后，他把家产分为两份，给了两个弟弟，而自己奉养母亲，对母亲极为孝顺。后来家境逐渐贫困，妻子生一男孩，郭

巨担心养这个孩子会影响供养母亲，于是和妻子商议："儿子可以再有，但母亲死了却不能复活，不如干脆埋掉儿子，节省些粮食供养母亲。"当他们挖坑时，在地下二尺处忽见一坛黄金，上书"天赐郭巨，官不得取，民不得夺"。夫妻得到黄金，回家孝敬母亲，并得以兼养孩子。另外该部还记录了许多其他孝行，如董永"卖身葬父"、丁兰"刻木事亲"等关于"二十四孝"的故事。

《文学典》共包括《文学总部》《诗部》《乐府部》《词曲部》《文学名家》《诏命部》《册书部》《批答部》《教令部》《表章部》《奏议部》等九十六部，共三百卷。主要是有关文学总论、名家列传以及各种文体的资料。《文学典》收录了从《易经》一直到明末清初顾炎武的《日知录》近两千年以来

共四千零一十五个历代著名文人及其作品。尤其是它还专门设了《文学名家·列传》一百零六部，为古代许多文学名士做了传记，有我们最为熟悉的孔子、司马迁、李白、杜甫、白居易等伟大的文人，也有我们不太熟悉的一些古代文人，如蜀国的向朗、刘巴等。

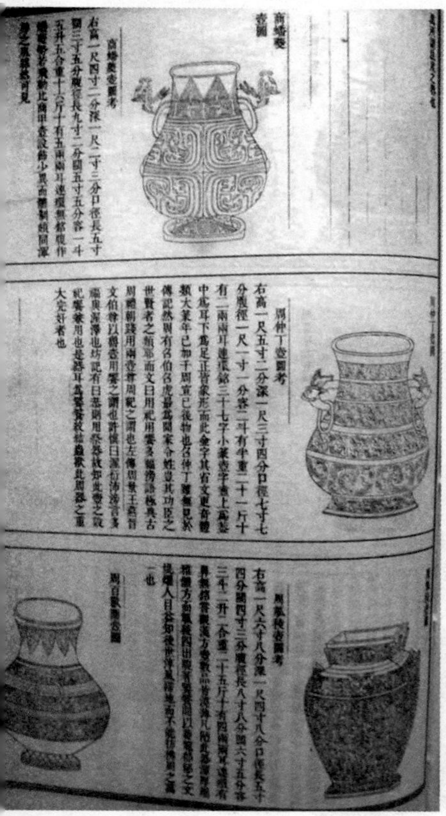

《字学典》共包括《字学总部》《音义部》《楷书部》《行书部》《草书部》《篆书部》《隶书部》《书画部》《法帖部》《书法部》等四十九部，共二百六十卷。主要是关于语言文字以及书法的资料。《字学总部》从上古伏羲氏造书契代替以前的结绳记事开始，记叙了文字与音义在各个时代的发展变化；该部还详细叙述了楷书、行书、草书、篆书、隶书等的形成发展过程；而且还为各大书法家列传，如造字先驱仓颉，草书代表张旭和怀素，行书代表赵孟頫等。而且《字学典》还对“文房四宝”作了详细的介绍，

《笔部·艺文》还引用了白居易的《难距笔赋》。

（六）《经济汇编》

《经济汇编》为我们展示了古代政治、经济、军事、法律、建筑以及科技的文献资料。主要包括《选举典》《铨衡典》《食货典》《礼仪典》《乐律典》《戎政典》《祥刑典》和《考工典》八典。

《选举典》共包括《选举总部》《学校部》《教化部》《养士部》《乡举里选

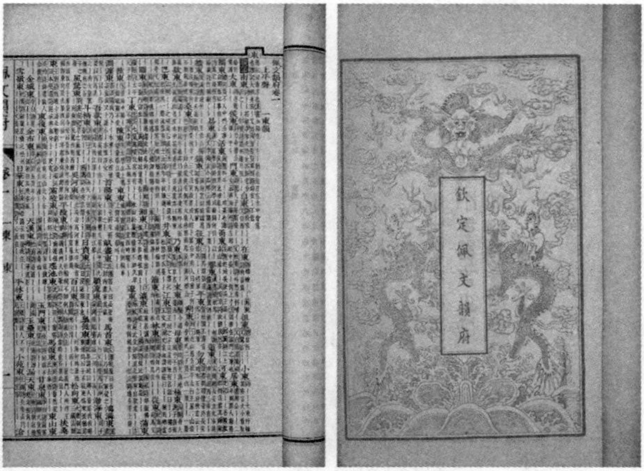

部》《荐举部》《上书部》《科举部》《乡试部》《会试部》《登第部》等二十九部，共一百三十六卷。主要是有关培养人才以及选拔贤人、推举能人的资料。如《选举总部·汇考一》开篇即讲述了古代舜帝求贤的故事；再如对于历史明君唐太宗李世民广纳贤士的记载：贞观三年四月，皇帝下诏只要有文武才能或语言中肯、行为谨慎、有理想、有抱负的人都可以得到重用。《科举部》还记录了选举制度的由来、开始年代以及当时中举的一些举子；另外还专列《乡试部》《会试部》以及《登

第部》等讲述古代任贤举能的事例。

《铨衡典》共包括《铨衡总部》《官制部》《禄制部》《考课部》《举劾部》《迁擢部》《降黜部》《休致部》《给假部》《起复部》《封赠部》《封建部》十二部，共一百二十卷。《铨衡总部》由汇考和总论组成，主要收录的是从上古到清初康熙年间有关衡量官吏人才、按才能收官以及如何使用官吏的大事件和历代论及官吏的文章。《官制部》是指历代官吏制度和设施；《禄制部》指历代按官职级别规定的俸禄待遇；《考课部》指对官吏才能的测验以及政绩的考查，作为对官

员升降任免的依据；《举劾部》指对好官的推荐、对坏官的弹劾；《迁擢部》是关于对政绩好的官员的升迁；《降黜部》是关于对政绩差的官员的处罚；《休致部》是关于官员退休后的待遇；《给假部》是对官员探亲，因病因事等假期的规定；《起复部》是关于官员因罪因冤或其他原因被降级或罢官后重新起用的资料；《封赠部》指官员尽忠国事，建功立业，不仅分以爵位，还对他的家族给予分封；《封建部》指古代的分封制。如《铨衡总部·汇考一》首列了周朝的官员制度，认为从周朝开始设立“天官冢宰”（也叫太宰）这一官职，主要职务是统领百官，辅佐周王朝，“天官冢宰”主

要是依据八种法则来治理官府的。第一是官属，用来开展王国的政事；第二是官职，用来区别王国官吏的职责；第三是官联，用来会合各官共同办事；第四是官常，用来考察官吏的工作；第五是官成，用来治理王国的政事；第六是官法，用来端正王国的政风；第七是官刑，用来纠察王国的政事；第八是官廿，用来评断王国的吏治。

《食货典》包括《食货总部》《户口部》《农桑部》《田制部》《蚕桑部》《荒政部》《赋役部》《漕运部》《贡献部》《盐法部》等共八十三部，共三百六十卷。主要是有关国计民生、财政金融的资料。如关于古代户口的《户口部·艺文》里关于唐太宗贞观年间的人口变迁情况：贞观初，户不满三百万，三年后户部上奏因塞外以及突厥投降，获男女一百二十余万口。再如编者在《粥部·艺文》里还引用了陆游的《食粥诗》：“世人各个学常年，

不悟常年在目前。我的宛丘平易法，只将食粥致神仙。”以及他的《薄粥诗》：“薄粥枝梧未死身，饥肠且免转车轮。从来不解周公意，养老长须祝鲠人。”

《礼仪典》包括《礼仪总部》《冠礼部》《婚礼部》《丧葬部》《忌日部》《天地祀典部》《明堂祀典部》《日月祀典部》《星辰祀典部》《风云雷电祀典部》等共七十部，计三百四十八卷。主要是有关国家、个人、天地和鬼神的礼节仪式以及祭祀典礼的资料。如《婚礼部·外编》中引用了《搜神记》中这样的传说：晋代一个名士将他的女儿许配给了邻村，到了结婚那天夫家来迎娶新娘，女家派新娘的奶娘将其送到夫家，到了夫家后，奶娘看见一个女婢正在门口守着，而且廊柱下还有灯火，新房也非常漂亮。到了半夜，新娘一直哭泣却说不出话来，奶娘悄悄地进入房内用手一摸，看见一条蛇像缠柱子一样从头到

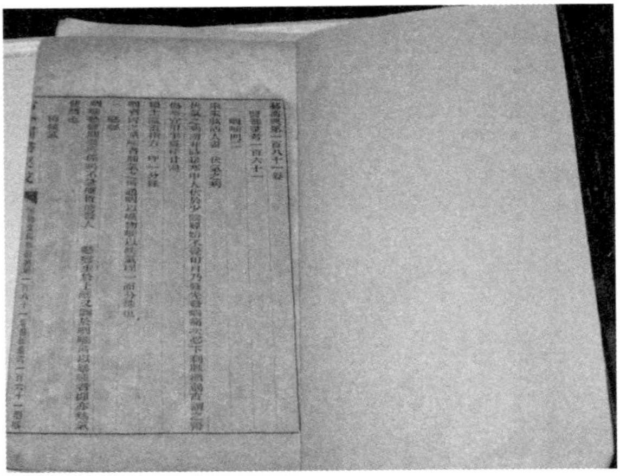

脚缠着新娘子，奶娘惊讶地跑到廊柱下，一看门口的女婢是一条小蛇，而刚才的灯火竟然是蛇眼。

《乐律典》包括《乐律总部》《律吕部》《声音部》《啸部》《歌部》《舞部》《钟部》《琴瑟部》《琵琶部》《箜篌部》等四十六部，共一百三十六卷。主要是有关音乐、歌舞以及各种乐器的资料。如关于各种乐器的，编者在《琵琶部·艺文二》里引用了唐代大诗人白居易的《琵琶行并序》；在《筝部·艺文一》里引用了阮瑀的《筝赋》；在《箫部·艺文一》里引用了王褒的《洞箫赋》；在《笛部·艺文一》

引用了李白的《春夜洛城闻笛》:“谁家玉笛暗飞声,散入春风满洛城。此夜曲中闻折柳,何人不起故园情?”在《鼓部·艺文二》里引用了李商隐的《听鼓》:“城头叠鼓声,城下暮江清。欲问渔阳掺,时无祢正平。”

《戎政典》主要是有关历代军事国防的资料。包括兵制、田猎、兵法、马政、兵器等。《戎政典》里编者设了《戎政总部》《兵制部》《校阅部》《田猎部》《兵法部》《阵法部》《火攻部》《水战部》《旌旗部》《金鼓部》《弓矢部》《射部》《弩部》《弹部》《刀剑部》《长矛部》《攻守诸器部》等三十部,共三百卷。可以说有关行军打仗方面的资料应有尽有。如在《兵法部总论二》中对《孙子兵法》十三篇的介绍:“始计第一;作战第二;谋攻第三;军形第四;兵势第五;虚实第六;军争第七;九变第八;行军第九;地形第十;九地第十一;火攻第十二;用间第

十三。”

《祥刑典》主要是有关法制、刑律的资料。包括律令、盗贼、牢狱、听断、刑制等。主设了《律令部》《盗贼部》《牢狱部》《囚系部》《刑具部》《鞭刑部》《笞杖部》《肉刑部》《宫刑部》《流徙部》《理冤部》等。如《刑具部·汇考》对于唐太宗时期刑具的记载：唐太宗即位五年，开始改革刑具，制作的刑具都有长短宽窄的分别，杖责用的杖都是三尺五寸。

《考工典》主要是有关我国历代百工之事的资料，包括工艺、器用、工程技术、建筑材料等。主要包括《考工总部》《工巧部》《木工部》《土工部》《金工部》《石工部》《陶工部》《染工部》《漆工部》《织工部》《规矩准绳部》《度量铨衡部》《桥梁部》《宫殿部》等共一百五十五部。

四、因类制宜，查找方便——《古今图书集成》的使用

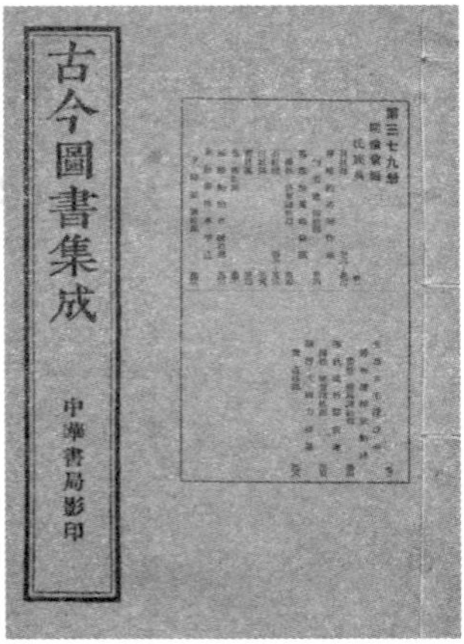
古今圖書集成
中華書局影印

U0666729

目录

前　言

文化是一种社会现象，是人类物质文明和精神文明有机融合的产物；同时又是一种历史现象，是社会的历史沉积。当今世界，随着经济全球化进程的加快，人们也越来越重视本民族的文化。我们只有加强对本民族文化的继承和创新，才能更好地弘扬民族精神，增强民族凝聚力。历史经验告诉我们，任何一个民族要想屹立于世界民族之林，必须具有自尊、自信、自强的民族意识。文化是维系一个民族生存和发展的强大动力。一个民族的存在依赖文化，文化的解体就是一个民族的消亡。

随着我国综合国力的日益强大，广大民众对重塑民族自尊心和自豪感的愿望日益迫切。作为民族大家庭中的一员，将源远流长、博大精深的中国文化继承并传播给广大群众，特别是青年一代，是我们出版人义不容辞的责任。

本套丛书是由吉林文史出版社和吉林出版集团有限责任公司组织国内知名专家学者编写的一套旨在传播中华五千年优秀传统文化，提高全民文化修养的大型知识读本。该书在深入挖掘和整理中华优秀传统文化成果的同时，结合社会发展，注入了时代精神。书中优美生动的文字、简明通俗的语言、图文并茂的形式，把中国文化中的物态文化、制度文化、行为文化、精神文化等知识要点全面展示给读者。点点滴滴的文化知识仿佛颗颗繁星，组成了灿烂辉煌的中国文化的天穹。

希望本书能为弘扬中华五千年优秀传统文化、增强各民族团结、构建社会主义和谐社会尽一份绵薄之力，也坚信我们的中华民族一定能够早日实现伟大复兴！

编委会

主　任：胡宪武

副主任：马　竞　周殿富　董维仁

编　委（按姓氏笔画排列）：

于春海　王汝梅　吕庆业　刘　野　孙鹤娟
李立厚　邴　正　张文东　张晶昱　陈少志
范中华　郑　毅　徐　潜　曹　恒　曹保明
崔　为　崔博华　程舒伟

《集成》囊括了群书，卷帙浩繁，但却以当时较为创新的体例和精妙的编排较为恰当地避免了查找时的困扰。它在今天仍未丧失其珍贵的使用价值。如果想要了解古代的一些知识，在浩如烟海的古籍中找，必然要耗费过多的精力和时间。《集成》则大大提供了便利。我们在使用《集成》查找资料时，首先要熟悉这部书的目录，要把它的类目都弄清楚。

在它各部类的名称中，有的我们可以直接从字面意义上理解，如《家范典》中的《祖孙部》《父母部》《姊妹部》等；但有些难以从字面上确定其内容，而需要我们翻检一下内容，如《人事典》《铨衡典》等。

由于六大汇编内容宏博、庞大，类目又多，不可能一一介绍，下面只对如何使用《集成》做简单的介绍，说明其使用方法，其他的以此类推。有的时候，我们所要检寻的资料在《集成》中并非集中

在某一处，这就需要我们根据所查资料的一些特征性质到和它相关的部类中查找。

宋代的包拯是家喻户晓的人物。如果我们想查包拯的资料，就可以这样查找：首先我们已经知道了六大汇编各自包含的内容，而包拯是宋代的官员，这样就可以将查找定位于记载有关官员资料的部分。经过对《集成》一书内容的了解，我们知道《明伦汇编·皇极典》《明伦汇编·官常典》《经济汇编·选举典》《经济

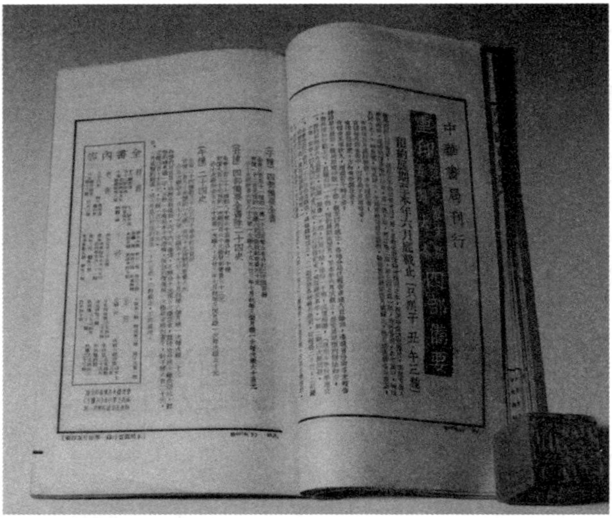

汇编·铨衡部》都是关于官员制度的内容，所以从这几项里我们都可以查找出与包拯相关的记载。

如在《明伦汇编·官常典·县令部·纪事二》中就摘录了包拯断“牛舌案”的故事：包拯在扬州的天长县做知县时，有一个农民到县衙门来告状。说他家的牛的舌头被人割掉了，包拯听完他的叙述，想了想，就不慌不忙地对告状人说：“牛舌头割了，就不能再长上去。你回家把这头牛宰了，做成熟肉卖了吧。免得牛

不能吃草死了，连肉也不值钱。”农民听完，很不满意，望着包拯，抱怨说：“县太爷，小民要是宰了牛，还用什么来耕地？再说，官府也不允许宰杀耕牛……”包拯装作很不耐烦地说：“一个牛舌头算得了什么？也值得这样没完没了？快走吧！”农民只得忍气吞声地回去，按包拯的话去做了。第二天，与那个农民同村的人来告状。他说那个农民违反法令，私宰耕牛。包拯看这个人鬼头鬼脑的样子，就紧盯着他问：“你告他私杀耕牛，你说，他为什么要杀牛？”“因为那牛舌……”刚说到这儿，告状人发现说错了，忙闭上了嘴。包拯猛地站起来，一拍惊堂木，追问说：“说！牛舌头怎么样？”“牛舌头被割了……”“你怎么知道牛舌头被割了？”告状人被问得张口结舌，答不上来。这时候，包拯大声喝道：“你给我老实招来，为什么割了牛舌头，又告他的状？”那人听了，大惊失色，赶紧磕头服罪：“是小人和他有仇，所以割了牛舌头……”包拯依法处罚了割牛舌头的人。从此，他善于断案的名声便传开了。

《集成》一书专设《明伦汇编·氏族部》，主要是有关各姓的资料，所以我们也可以从《包姓部》查找关于包拯的资料。《明伦汇编·氏族部·包姓部》记载：包氏一姓的源流可以追溯到春秋时期楚国的大夫申包胥的后人，他的后人以他名字中的“包”为姓氏，包拯即是申包胥的后人。按《宋史》记载，包拯是庐州合肥

（今安徽合肥）人，北宋天圣五年（1027年）进士。中进士后，因父母年事已高，不忍远去为官，直到双亲相继去世，守孝完毕，才在亲友的劝说下为官，已时隔长达十年之久，故以孝闻于乡里。

我们都知道包拯曾经做过开封府的官员。所以如果想查他在开封府的事迹，我们就可以在《方舆汇编·职方典》里查找开封府，《开封府部·汇考九》就有关于包拯的记载。

以此类推，我们就可以对《集成》这部书的使用有一个大致的了解。比如，我们想查找“李广射虎”这个典故，就可以在《明伦汇编·官常典·将帅部》先查找李广的事迹；在《明伦汇编·氏族典·李姓部》中查找李姓的代表人物李广；《博物汇编·禽虫典·虎部》是关于虎的全部介绍，所以在这里我们也可以查找出“李广射虎”的典故；《经济汇

编·戎政典·射部》主要是有关兵器弓箭的记载，所以从这里我们也可以查找出“李广射虎”这一典故；《理学汇编·学行典·勇力部》主要是有关勇力的资料，所以在这一部里我们也可以查找出“李广射虎”这一典故。读者无论从哪个方面入手都可以查找出这一典故，为读者查阅提供了极大的方便。而且引用的资料都已标明出处，便于查找该资料的原始出处。

我们知道《集成》一书包罗万象，内容广博，以上是从涉及到人物的方面查找，但这仅仅是《集成》的一小部分。比如我们想查找古代某一个朝代的制度抑或是某一制度在前后朝代的变化，就可以查找《明伦汇编·皇极典》《明伦汇编·官常典》《经济汇编·选举典》等；如果想知道我国选举制度的变化发展，我们就可以查找《经济汇编·选举典》。

如果想了解古代关于地震的一些事

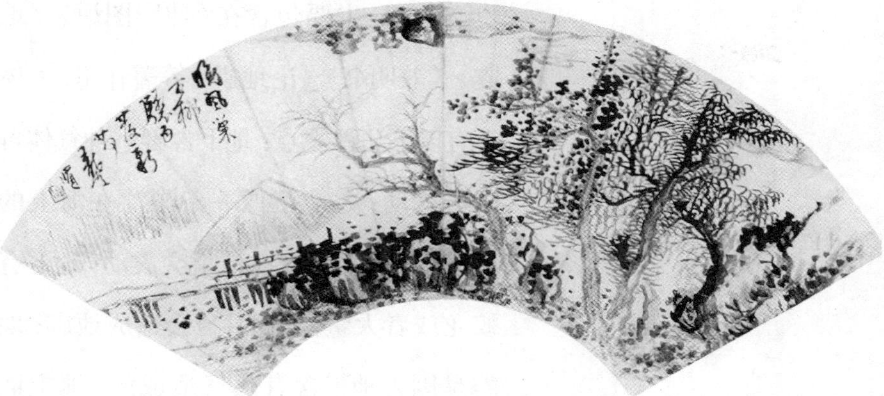

情，我们就可以查阅《集成》中记载宇宙变异、自然灾害等资料的《历象汇编·庶征典》。查阅《庶征典》就可以发现其内专设了《地异部》，从中可以知道早在公元前19世纪，中国就已有对地震的记载。《竹书纪年》写道："夏帝发七年（公元前1831年）泰山震。"这是世界上最早的关于地震的记载，距今已有三千八百多年了。其后，对各个年代发生的地震情况都作了收录。如对唐太宗时期地震的记载：按《唐书》记载，贞观十二年正月在丛州府发生地震；贞观二十九年九月在灵州发生地震。关于地震的形成原因，文中也有介绍，主要包含在《坤舆图说》《地震》《兼明书》《论地震》等著作里，大体上有以下几种观点：地下含着一种气体自己会震动；大地就像一条漂浮在海上的船，遇到风吹或者波浪就会震动；地下有蛟龙或者大鳌，它们翻身会造成地震；地震是因为地下含有热气造成的，地上面一直有太阳照着，地下又一直有火气燃烧着，那么生出的热气就会很多，气体越积越多，最终冲出地面，造成地震。由此可以知道，在古代我国就已经对地震这种自然灾害有了比较科学的认识。

《集成》中并没有对铜作专题介绍，但是可以在《山川典》中查得有关铜作为矿藏的资料；在《食货典》中查得有关铜铸造钱币的资

料；在《考工典》中查得有关铜铸造技艺的一些资料。

这样，我们就可以对《集成》的使用有了大致的了解。比如，想知道某个地方在古代属于什么地区，就可以查阅《职方典》；想了解某一姓氏的来源和古代这一姓氏的名人，就可以查阅《氏族典》。了解查检《集成》的使用方法，会为我们在该书中查找某些资料带来极大的方便，而其丰富的资料也会为我们打开广阔的视野。《集成》不愧是一部用途广泛又具有极大参考价值的百科全书。不仅中国学者对《集成》赞不绝口，美国学者麦高文、英国学者李约瑟等也都称《集成》是一部最得力的巨型参考书。

五、解惑释疑，辑佚古书——《古今图书集成》的功用

古代编纂类书的主要目的就是为当时的帝王批阅、浏览以及文人学士撰文赋诗、查找资料提供便利。《集成》对于传播我国古代知识有着非常珍贵的价值。对后世学者来说，由于《集成》征引和保存了历代浩瀚的文献资料，因而具有极为可贵的参考价值，为我们提供了清初及其以前各时期大量的政治、经济、文教等资料，同时也是查找诗文、典故、历史人物等的重要工具书，尤其是对自然科学技术的引用，编者更是不删一字，较为完好地保存了古代对科学技术的一些认识，为后世学者所重视和使用。《乾象典》中《天地总部·汇考二》关于日食的记载：“日食非日失其光，乃月掩其光也，月之天在日之下，朔（初一）时月轮飞过日轮之下，南北同经，东西同纬，故掩其光若有失之耳。”同时还配有示意图，高超的技术令我们现代人也不得不叹服。

虽然《集成》本身没有索引，但是《集成》中大量摘录了历代的正史、方志、野史以及笔记等各种类型的文献资料，并将它们按类别或主题加以汇编，就使这些文献资料具有“历代史书主题索引”、“各地地方志索引”、“野史笔记主题索引”等各种

主题索引的功能。如想了解我国历代王朝皇后妃嫔的事迹，直接从历代史书中逐个查找，势必要翻阅很多的史书，而利用《集成》可作主题索引，直接查找《宫闱典》中的《皇后部》《妃嫔部》，所有相关资料我们都可以轻而易举地得到。如查找皇后名称的来源，《皇后部·汇考一》引用了《汉书·外戚传》中的记载：天称作皇天，地称作后土，故天子之妃称呼为皇后，以取天地的意思。这样，我们再查找《汉书》的原文时就会很省力。

在我国现存的所有类书中，《集成》

主要按类别或按主题对相关资料进行汇编，无论是从资料的类型上还是对资料所征引的详尽程度抑或是对后代的实用价值等，都是空前的。《集成》一书将散见于历代各种典籍中的零散资料，进行了精心的编排，形成了一部部专题的资料汇编，可以说每一部典或者部都是一个专题的资料库。如《禽虫典》《草木典》相当于一部中国的生物志；《考工典》相当于一部工程技术汇编；《闺媛典》相当于一部古代女性资料的汇编。

另外，《集成》所录内容鸿博繁多，编纂时间又距现在的年代比较近，对于所引用的内容不是简单地摘录几句，而是整段整篇甚至整部收入，不加任何改

动。对于所征引的各种文献资料，都一一详细注明出处，标明所引书名、篇名和作者，以便于查对原书。后来的学者法式善称赞《集成》“荟萃古今载籍，或分或合，尽美尽善”，这种编纂原则较为完整地保存了许多古代的文献资料，尤其是一些已经失传了的书籍。这样，《集成》在整理这些已经失传了的文献资料方面就有着不可忽视的珍贵作用。清朝人张金吾就曾经在《集成》一书里重新整理出了《释迦成道赋》《北岳诗序》等金代的遗文。

《集成》一书为我们提供了许多专题的相关知识，回答了各种基本问题。有着解惑释疑的作用。如《氏族典》中就总结了我国历朝历代的各种姓氏，并介绍了姓氏的起源及其代表人物；《选举

典》为我们提供了隋唐以后选举人才的相关内容；《山川典》详细地介绍了我国的大好河山；《岁功典》展示了古代的各种节日以及相关形式；《家范典》介绍了封建社会家庭的各种道德规范以及繁文缛节；《食货典》则介绍了各种食谱菜谱及烹饪知识，各种配料和制作方法以及主要功能，现在仍具有实用价值。

以往的类书都只收录相关事物的文和事，但从来不收录人物传记的资料，而《集成》突破了这种原则，专设人物“列传”一项，这样就使该书的资料性和实用

价值大大提高了。文中上自皇帝权贵，文臣武将；下至农工商贾，娼伶奴隶各类人物的传记无所不有，具有非常高的史料价值。各种传记简直就是一部部的专业人物汇编和人名辞典，如《文学典·文学名家列传》就荟萃了历朝历代的文学名家，对我国的古代文学做出了巨大贡献。

同时《集成》的收集非常全面丰富，对于明末清初西方的天文地理、机械制造等传入我国的科学技术都有所记载。使我们能更好地了解同时代西方科学技术的发展状况。

六、《古今图书集成》的版本及流传

由于《集成》规模宏大，卷帙浩繁，所以它的印刷次数和印刷数量都十分有限，传世的印本十分稀少。因此，对《集成》印刷版本的研究，长久以来一直深受学术界的关注。经过几代学者的不懈努力，关于《集成》的印刷版本已基本达成了共识。该书现在大概有十种版本，下面将对其逐一进行介绍。

(一) 武英殿铜活字本

《集成》一书，在经历了十八年的编写、修正后，到雍正元年（1723年）至四年（1726年），在删去了真正编者陈梦雷的情况下，用了四年的时间用铜活字排版印成。第一版本共印了六十五部以及一部样书，包括正书一万卷，目录四十卷，一共分订成了五千零二十册（正书五千册，目录二十册），共装在五百二十二函（装书用的套子。正书五百二十函，目录两函）里。板框高20.6厘米，宽13.6厘米，每半页九行字，每行是二十个字，白口，四周双边。据说，印刷所用的铜活字是陈梦雷早在诚亲王府时就已经准备齐全的，而且他还亲自参与了制作。这套铜活字的数目经过后人的考证应该不少于二十五万个，再加上书中图、文、表兼备，所以它的铸造工程非常艰巨。这次的版本用了两种纸张，一种是产自浙江开化县的开化纸，这种纸是清代最名贵的纸张，因为它质地细腻，纸质洁白，无帘纹，纸虽薄但韧性很强，柔软可爱，摸起来十分柔润；一种用的是太史连纸，这种纸张比开化纸稍黄，正面光滑，背面稍涩。两种纸张都是当时大清朝非常名贵的纸张。《集成》印刷精良优美，装裱又非常华丽，所以成书后非常美观大方，后人将这一版本称为“铜字版”“雍正本”或“殿本”。

铜字版印刷本十分稀少，所以在当时

乃至现在都是非常珍贵的版本。在当时只有文渊阁藏太史连纸印本一部，乾清宫藏开化纸印本一部，皇极殿藏两种印本各一部，圆明园中的文源阁存一部，辽宁故宫的文溯阁两种印本各存一部。当时非常有名的私人藏书楼浙江宁波范钦的“天一阁”，祖籍安徽迁居到浙江杭州的汪启淑的“开万楼”，以及同样是从安徽迁居到浙江杭州的鲍廷博的“知不足斋”，还有江苏藏书家马裕等因朝廷编写《四库全书》时献书有功，故各赐一部。据调查研究，现今存世完整的或是残缺的《集成》“铜活字”印本大概共有二十四套，我国国家图书馆和台北故宫博物院都有收藏。另外，伦敦的大英博物馆中藏有一套，法国巴黎和德国柏林也各有残秩一部。

虽然整体上对《集成》一书的版本没有大的争议，可对于“铜字版”的争议却一直没有停止。关于第一次印本的具

体时间和印刷部数历来存在争议。有的学者认为这一版本是雍正六年开始印刷的，而关于印刷部数，有六十四部和六十六部之争，但据后来学者对当时文献资料的考证，应该是六十六部。关于现存世的数量，也是说法不一，学者张秀民认为大约是十二部，而裴芹认为大概是二十四部。如果加上残缺的印本，据考证，二十四部更接近真实的数目。

（二）扁字铅印本

由于第一版本弥足珍贵，数量稀少，极少数的人才能看得到。所以在清光绪十年（1884年），由英国人安·美查和弗·美查在上海集股成立了“图书集成印书局”采用铅字印刷《集成》一书，所以第二次印本也被称为“美查本”或“铅字本”，这是国内较早的铅字排

版印刷。此次印刷主要是用机器，采用十开尺寸的大纸，纸薄而均匀，洁白如羊脂玉。选用了多用来制作高级手工印刷品的连史纸印刷，绘图部分则使用较好的宣纸石印。

这部书的印刷前后共用了四年的时间，是以三号扁铅体印的，所以这次印本又称“扁字体”。采用的形式是半页十二行，每行三十八个字，白口，四周单边，单鱼尾。此次印刷共印了一千五百部，每部一千六百二十册，另外还有目录八册。这一版本的携带和存放都比第一版方便。在该版本的牌记（牌记是指直接在书的空白处刻上一行或两行字，说明出书时间、地点或者刻书人、刻书铺号等，大概相当于现代书的版权页）上题的是“光绪甲申年夏上海图书集成铅版印书局集股重印”。这一版本是现代最流

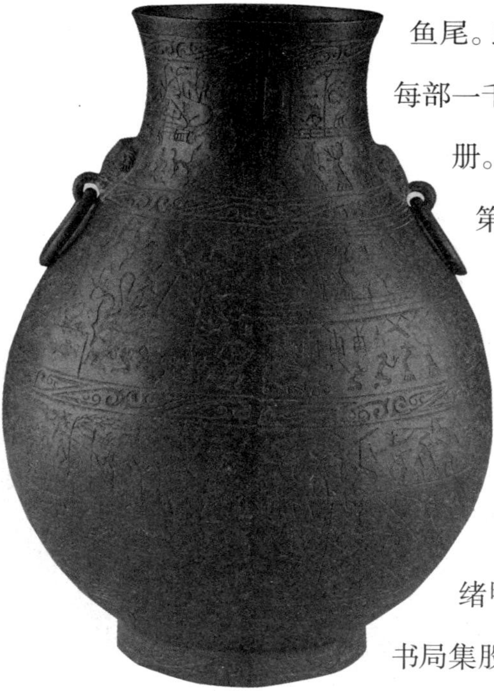

行的版本，尤其在国外收藏较多，所以国外绝大多数学者看到的都是这一版本。这一版本对于宣传和利用《集成》一书起到了极大的推动作用。

但该书也有很多不足，“美查本”用的连史纸和绢纸比较起来颜色较黄，印刷所用的又是扁铅字，字与字间距比较窄，而且当时的铅字印刷技术又比较落后，所以到现在已经有许多字都看不清楚了。但是宣纸石印的绘画部分，印刷效果较好，到现在仍十分清晰，也稍稍弥补了该书字体部分的不足。

（三）石印本

光绪帝当政以后感觉到《集成》一书的原印本越来越少，

而且当时石印的技术也越来越好，所以使《集成》恢复陈梦雷当初编纂的样子，已经有了现实的可能性。于是在清光绪十六年（1890年），皇帝下旨令当时的上海同文书局石印一百部《集成》，因此这次版本又称为“同文版”或“光绪版”。此版本主要是用来赠送外国使节和嘉赏有功大臣的。所以印书所用纸张非常讲究，主要用的是洁白如玉的开化纸，这种纸被当时人称为“桃花纸”。用纸三开大小，而且图书的装订也与第一版相同。这次版本的印刷质量追求精益求精，对于所用底本中图画丢失、页数缺失以及字画不清楚和纸张中泛出的黄色斑点等现象，印刷人员都用粉笔加以涂盖，再用墨笔重新加以

描写，所以这次的印本墨色鲜明。此次印刷共花费三年的时间，直到光绪二十年（1894年）才正式出版。

上海同文书局，是中国人自办的第一家近代石版印刷图书出版机构。光绪八年（1882年），由徐鸿复、徐润等集股在上海成立，专门用来翻印具有较高文物价值的古书版本。当时的同文书局购置了石印机十二架，雇佣了五百多名工人。石印本《集成》费时三年，耗费白银高达五十万两，所以此次印刷质量上乘、规模浩大，堪称当时印刷界的一大盛事。这次

版本最难能可贵之处在于增刊了清代龙继栋所作的《考证》二十四卷，这二十四卷订正了原书引文的错误和脱漏之处大约两万条。

但是令人感到遗憾的是，光绪十九年（1893年）五月十七日，该局不慎发生火灾，大批设备被焚毁，这次印刷的本数本来就不多，除少量赠送外国友人和奖赏大臣外，存于书局的都被大火烧毁，所以流传下来的版本非常稀少。价值不亚于“铜活字”版本，清末时期该书一整套就索价白银一万两，到现在更可以说是难以估价。

（四）第四次影印本

第四次影印本是1934年由上海中华书局影印的缩小本。因此，此次印本又称作“中华书局本”“中华本”或“缩印本”。主要是以康有为所收藏的雍正殿本为底本，同时又借用浙江省立图书馆所藏的文澜本补充。纸张采用的是江南造纸厂的机制连史纸，三开大本，将原书的九页合为一页，缩小印刷。成书后的尺寸板框高16.5厘米，宽28厘米，版式是上中下三栏，每栏二十七行，每行二十个字，黑口，四周双边，单鱼尾。缩印后字的大小相当于现在的五号铅字，版面清晰而篇幅大减，所

以查阅起来相当方便。第四次印本共合计四万五千余页，一共分订成八百零八册，其中一至六册为目录，七至八百册是书的内容，八百至八百零八册为考证，同时又将借来的浙江省立图书馆所藏的文澜本以六页合成一页影印，版式为两层楼形式，共计八册。当时每部定价八百元，从1934年10月第一期交书六十二册开始，直到1940年2月才将整套书出齐，基本上印了一千五百份。这次印本校勘精细，字迹清晰，墨色均匀，查阅方便，切合实用，是现在运用最广泛最精善的版本。台湾也以这个版本为底本出版了三个版本的《集成》：有1964年文星书局版本，精装一百零一册；1964年的艺文书局版本，精装七十九册；1977年鼎文书局本，精装七十九册。

上述四种版本都已经成为珍贵的古籍，除少数收藏机构和个人收藏外，社会上早已绝迹。

（五）第五次联合影印本

《集成》的第五个印本也被称为“文星版”或“文星书店本”。是由台湾的台北文星书局在1964年印刷出版的。该书主要是以“铜活字本”为底本影印。采用十六开的本子，精装。

(六) 第六次鼎文影印本

《集成》的第六个印本也被称为"鼎文本"。是由台湾的台北鼎文书局于1977年4月影印出版的。此次影印和"文星版"所采用的底本和装订形式都是一样的。到20世纪80年代，江苏古籍书店曾以该版本为底本进行影印，装订形式为十六开本精装本，每部二百四十五册，但是印刷数量很少，现在也很难见到。

（七）第七次巴蜀影印本

第七次版本也称“巴蜀版”。由中华书局和巴蜀书社于1985年到1988年联合影印。全书统一采用十六开精装，共八十二册。此次印刷以中华书局1934年的印本为底本。包括目录、正文、考证及广西大学古籍整理研究所编制的索引，黑色漆皮封面，并配有函套。但由于当时的条件有限，所以此次印本无论是设计、用纸还是印刷质量等方面都不尽如人意。当时只发行了八百余套，现在已经不易找到。

值得提及的是此次印书版本加上了广西大学编写的《古今图书集成索引》，其实在广西大学编纂之前，外国学者就已经把《集成》作为研究中国科技文化的重要文献资料了。早在1907年圣彼得堡就出版了瓦伯尔的《古今图书集成方

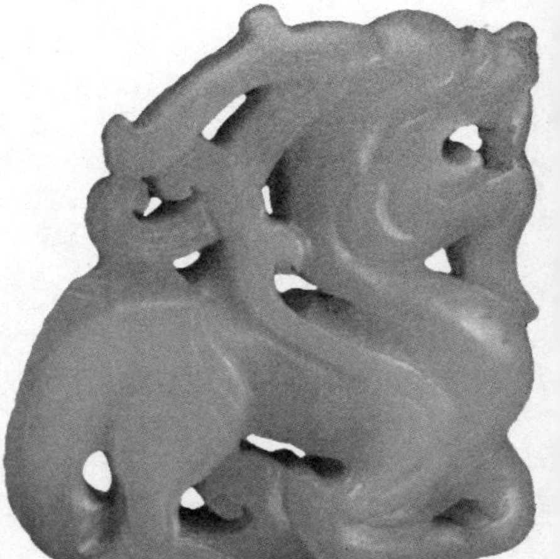

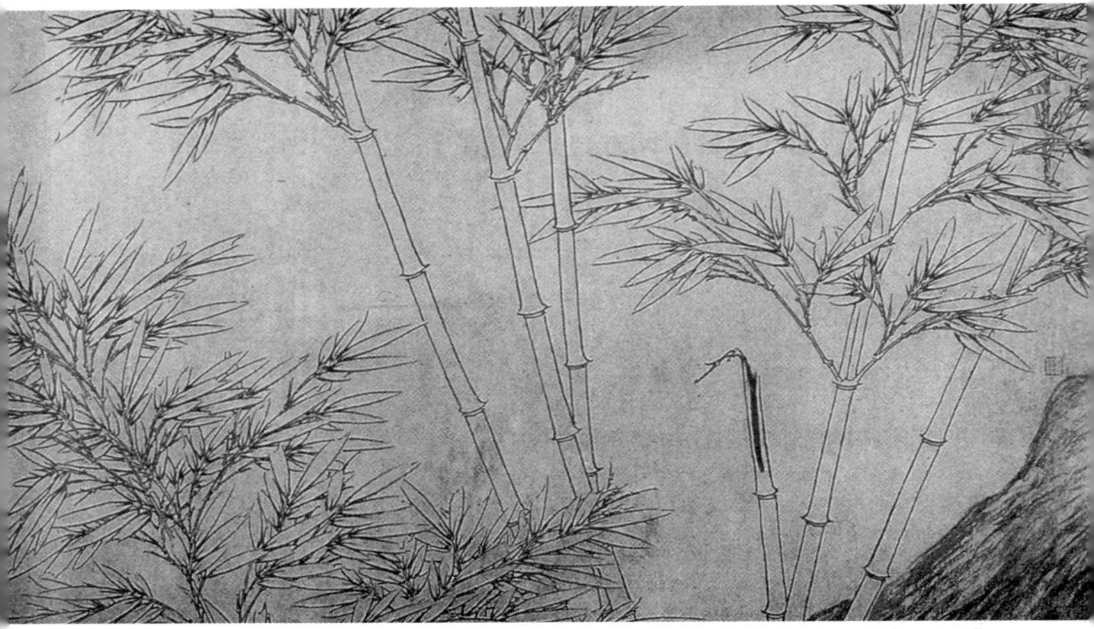

舆汇编索引》；1911年由伦敦英国博物院出版了翟理斯编写的《钦定古今图书集成索引》，方法是将条目英译后按英文字母的顺序排列，并附带中文。1933年大连右文阁发行了日本泷泽俊亮编著的《古今图书集成分类索引》；1972—1977年日本汲古书院出版了《古今图书集成引用书目录稿》。

（八）第八次影印本

《集成》的第八次印刷版本也称作“齐鲁版”。由齐鲁书社与中国国家图书馆合作于2006年影印出版。主要是将国家图书馆馆藏的“铜活字本”按原大小影印，手工印刷装订，分装成五千零二十册，五百二十函，共印制五十部。

（九）电子版本

第九种版本是1999年台湾以藏在台北故宫博物院的铜活字本为蓝本出版了电子版的《集成》。使这部书被更多的人所知晓应用。《集成》的印刷本有一万卷，五千多册，可是电子版仅需要二十七张光碟就将全书的内容收录，再加上索引共二十八张光碟。将这部珍贵的《集成》加以现代化，而且电子版在检索质量和检索速

度等方面都远远超过了印刷版，便于我们更好地利用《集成》。

（十）排印本

第十种版本是由吉林文史出版社出版的《集成》排印本。

目前可以看到的版本主要有中华书局影印本、台湾鼎文书局影印本、吉林文史出版社排印本。

当然《集成》这部卷帙浩繁、包罗万象的巨作，也并不是十全十美、没有瑕疵的。这部实用价值较高的大型类书，由于其征引了上自先秦下至清初的大量史料，所以在辑录资料时难免会出现征引错误

或是丢失缺漏资料等问题。而且从《集成》的编纂背景来看，它是由康熙帝“钦定”的一部类书，而且编写者陈梦雷又蒙受皇恩，所以难免在编写过程中带有阶级的烙印，有着封建的正统思想，存在着时代和阶级的局限。如从三级类目安排和内容概括上就可以反映出封建正统观念及其伦理、道德的标准，编排顺序上如《明伦汇编》中编者先介绍“皇”接着是“官”而后是“家”，这也正符合了封建社会的实际情况。分类上编者把乞丐、刺客、娼妓等列入《艺术典》，而把历代领导农民起义的人物列入《盗贼部》等等。文中还专设《神异典》《术数部》，各部后还大多有外编，内容主要是关于神仙鬼怪、星命巫术、风水相面等迷信资料。

但这并不能影响《集成》

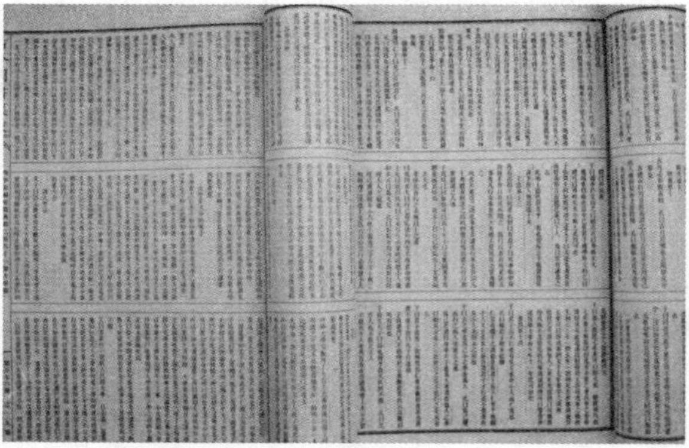

的整体功用，而且从当时编者所处的社会环境来看，这样的编排仍不失为当时组织辑录知识的最佳手法，因为整个结构体系以及内容囊括上是完整的。真正做到了编者所言的“凡在六合之内，巨细毕举，其在‘十三经’‘二十一史’者，只字不遗。其在稗史子集者，十亦只删一二”原则。

《集成》在编制过程中，留存的资料非常少，再加上它卷帙浩繁，排版和印刷都不是在短时间内可以完成的，而有些版本又流传甚少，所以各图书馆或是个人引用时，常有歧义之处，我们在查找阅读时要谨慎对待。

图书在版编目（CIP）数据

类书之最——《古今图书集成》/张燕燕编著.--长春：
吉林出版集团有限责任公司,2011.4（2023.4重印）
ISBN 978-7-5463-4998-5

Ⅰ.①类… Ⅱ.①张… Ⅲ.①百科全书－中国－清代
Ⅳ.①Z225

中国版本图书馆CIP数据核字(2011)第053415号

类书之最——《古今图书集成》

LEISHU ZHI ZUI GUJIN TUSHU JICHENG

主编/ 金开诚 **编著**/张燕燕
项目负责/崔博华 **责任编辑**/崔博华 高原媛
责任校对/高原媛 **装帧设计**/柳甬泽 徐 研
出版发行/吉林出版集团有限责任公司 吉林文史出版社
地址/长春市福祉大路5788号 **邮编**/130000
印刷/天津市天玺印务有限公司
版次/2011年4月第1版 **印次**/2023年4月第5次印刷
开本/660mm×915mm 1/16
印张/9 **字数**/30千
书号/ISBN 978-7-5463-4998-5
定价/34.80元

类书之最——《古今图书集成》

◎主编 金开诚
◎编著 张燕燕

吉林文史出版社
吉林出版集团有限公司